육상수업, 체육관 100배 활용하기

육상수업, 체육관 100배 활용하기

George Bunner MBE 저
고문수 옮김

이담
Books

George Bunner는 1932년 리버풀에서 태어났다. 그는 어린 나이에 아버지를 여의었음에도 불구하고 리버풀 해리스의 팀 구성원으로서 촉망받는 운동선수였다. 그는 공인 전력 기술자가 되기 위해 야간학교와 단과대학을 고학으로 졸업했고, 마침내 영국 북서 지역에서 가장 큰 전력 계약업체의 감독직을 맡게 되었다. George Bunner는 운동선수로서 영국 AAA Junior 880야드 챔피언이 된 1950년에 정점에 다다랐다. 하지만 그는 1968년 차량 충돌 사고로 심각한 부상을 입었고, 아내마저 잃어 혼자서 두 아이를 키워야만 했다. 그는 1971년 현재 아내인 Sheila와 결혼했고, 그녀와의 사이에서 딸을 낳게 되었다. 그는 부상으로부터 벗어나기 위해 고군분투했고, 몇몇 친구들과 함께 다시 운동에 관심을 갖기 시작하여 그의 고향인 Cheshire의 Frodsham에서 운동 클럽을 만들기로 결심했다.

그는 전통적인 운동장과 트랙의 사용이 초·중등학교 학생들에게 적합하지 않다고 생각하여 운동 프로그램 중 체육관 수업을 고안하게 되었다. 이 프로그램들은 모두 체육관 운동이라는 주제 아래 고안되었다. 그의 체육관 운동에 관한 생각은 수년에 걸쳐 전개되었고, 그의 시작은 현재 매년 약 350,000명의 학생들이 참여하는 영국 운동 프로그램의 주요한 부분을 형성하였다. George Bunner는 1982년 팀에 참여한 사업 파트너 George Uren과 Ron Pickering으로부터 받아 온 지원과 모든 체육관 운동을 하는 학생들에게 정당한 권리가 주어져야 한다는 것을 보장하는 데 신경을 써 왔다.

운동 프로그램에서 체육관 수업은 학생들에게 운동에 참여하는 첫 단계로 달리기, 뛰기, 던지기 활동들을 시도해 보도록 하는 매우 흥미로운 방법을 제공한다. 그것은 운동 관련 시설물이 부족하고, 날씨 때문에 실외활동을 못 할 수도 있는 트랙이나 운동장 같은 곳에서도 재미있고 호기심을 불러일으키는 경험을 할 수 있게 한다. 이러한 성공과 함께 실외 프로그램들도 개발되었다. 그 프로그램들은 혼자서 승리하는 것보다는 팀 경쟁과 페어플레이 그리고 최선을 다해 노력하고 참여하는 것의 중요성을 강조하였다.

무엇보다도 체육관 수업 프로그램은 세계 여러 나라의 학생들을 국적에 관계없이 경쟁과 우정 속에서 협력할 수 있게 하는 활동이다. 현재 학생들의 체육발전에 있어서 국제적으로 권위를 인정받는 George Bunner는 자기 계발을 위해 1992년에 기술직을 떠났고, 70살이 넘은 나이에도 불구하고 매일 연구실에서 체육을 위한 다양한 활동 프로그램들을 개발하는 데 열정을 쏟으면서 생활하고 있다.

George Bunner MBE

『육상수업, 체육관 100배 활용하기』는 현직 교사들과 대학의 예비 교사들에게 도움이 되는 활동내용을 포함하고 있다. 특히, 이 책은 실내 육상활동에 대한 새로운 접근법을 소개하는 데 관심을 집중한다. 2007년 개정 체육과 교육과정의 도전활동 영역 중 기록도전과 속도도전의 내용을 포함하고 있으며, 학생들이 육상수업에 즐겁게 참여할 수 있는 창의적인 학습 환경과 구체적인 아이디어를 제공하고 있다.

첫째, 던지기 활동과 뛰기 활동 및 달리기 활동을 다양한 게임으로 제시하여 학생들에게 육상수업에서 지루함을 느끼지 않도록 한다.

둘째, 체육관 수업에서의 경쟁 활동과 체육관 수업 프로그램을 제시하여 학생들이 기록도전과 속도도전에 적극적으로 참여할 수 있는 동인을 제공하고 있다.

셋째, 학생들에게 체육관 수업에서 서로 협동하면서 활용할 수 있는 3종 경기, 5종 경기 그리고 10종 경기를 제공하여 민첩성 도전활동의 가치를 함양하도록 한다.

본 저서는 학교 체육수업에서 육상수업을 개선하고, 학생들이 육상의 가치를 내면적으로 이해하는 디딤돌 역할을 제공할 것이다. 학생들은 육상활동에 참여하는 시간 내내 수업에 몰입하여 체육의 가치를 이해하고, 교사들은 육상에 관한 수업지식(PCK)의 함양으로 학생들과 즐거운 체육수업을 만들어 가는 Know How를 습득하게 될 것이다.

체육수업의 변화는 교사교육자와 현장 교사 및 예비교사들의 관심과 노력으로 결실을 맺게 된다. 『육상수업, 체육관 100배 활용하기』는 현장의 교사들과 대학의 예비교사교육기관에서 초·중등 예비교사들의 육상활동에 대한 이해를 높이는 데 큰 도움을 제공하게 될 것이다. 이에 본 역서가 체육수업에 활용되어 학교 체육수업을 개선하고 미래의 체육수업에 대한 방향을 설정하는 데 도움이 되기를 기대해 본다.

　끝으로 본 역서가 발간되는 데 많은 분들의 도움이 있었다. 우선 한국학술정보(주)의 채종준 사장님과 편집진 선생님들께 깊이 감사드린다. 그리고 학교체육이 개선될 수 있도록 다양한 체육교구의 지원과 본 교재의 번역을 의뢰한 (주)인터존코리아의 오창익 사장님과 이한찬 사장님께 고맙다는 말씀을 전한다. 특히 학교체육수업을 개선하는데 다양한 정보와 가르침을 제공해 주시는 인천대학교 손천택 교수님께 진심으로 감사드린다. 아울러 늘 바쁘다는 핑계로 함께하지 못함을 이해해 준 딸 나영이와 윤지 그리고 사랑하는 아내에게도 고마움을 전하고, 아버지와 남편으로서 더 발전하고 학교 체육을 개선하는데 더 큰 빛이 될 것을 약속한다.

2010년 10월 18일

옮긴이 고문수

CONTENTS

3장 필드활동

5장 민첩성 도전활동

1장 도입활동

체육관 수업의 역사와 철학

체육관 수업은…

✦ 재미있고 흥미로우며 다채롭다.
✦ 안전하고 실내에서 할 수 있는 즐거운 다기능 활동이다.
✦ 학생, 부모, 코치와 교사들이 쉽게 참여할 수 있다.

체육관 수업은 1976년 George Bunner에 의해 당시 그가 운영하던 스포츠클럽의 학생들이 어두운 겨울 저녁에도 실내에서 운동과 훈련을 계속할 수 있도록 고안되었다. 체육관 수업은 크게 인기를 끌어 곧 경기 형태로 발전되었으며, 1980년 영국에서 처음으로 챔피언십 경기가 개최되기도 하였다. 원래는 12~15세 연령의 학생들을 위해 고안되었으나 George Bunner는 이 개념을 꾸준히 연구하고 개발하여 지금은 4세부터 16세까지의 학생들에게도 적용할 수 있게 되었다.

체육관 수업 프로그램의 5가지 중요 요소

흥미 ‒ 학생들은 긍정적이고 흥미로운 경험 및 놀이를 통해서 가장 효율적으로 배울 수 있다고 알려져 있다. 체육관 수업 프로그램은 흥미와 재미를 위해 고안되었다.

페어플레이 ‒ 체육관 수업은 언제나 페어플레이를 강조한다. 체육관 수업의 진행 과정에서 학생이 실수를 하면 벌칙이 적용될 수 있지만 실격은 적용되지 않는다.

융통성 ‒ 모든 사람들이 경기장을 사용할 수 있도록 승인되었으며, 체육관 수업 프로그램은 다양한 시설에 알맞게 적용되도록 융통성을 갖추고 있다.

잠재적인 재능 ‒ 미래의 인재는 개인적인 수행보다도 모둠의 수행을 강조하는 활동을 통해 양성된다.

능력 ‒ 체육관 수업은 조기에 그 능력을 전문화하지 않는 범위 안에서 총체적인 능력의 개발을 장려하고 있다.

체육관 수업의 장점:

✦ 신체적 영역의 총체적 발달을 장려한다 ‒ 민첩성(Agility), 균형능력(Balance), 협응성(Coordination) 등(일명 ABC).

- ✦ 내용이 쉽기 때문에 비전공 체육교사나 자격을 갖추지 않은 보조교사도 지도할 수 있다.
- ✦ 경기 지도 방법을 증진시킨다.
- ✦ 정규 체육수업 및 방과 후 수업에도 적용할 수 있다.
- ✦ 높은 참여율을 장려하고 전반적인 능력을 향상할 수 있는 기회를 제공한다.
- ✦ 초・중등 학생에게 경쟁할 수 있는 기회를 제공한다.
- ✦ 중학생으로 전환하는 학생들의 이전 운동수준을 알아보는 기회를 제공한다.
- ✦ 활동과 경쟁을 추진하는 스포츠 리더로서의 중요한 기회를 제공한다.
- ✦ 클럽활동 및 클럽 간 연계, 범국가적인 협력체계를 구축하는 모델 개발을 통해 국가발전에 기여한다.

체육관 수업 프로그램

　체육관 수업 프로그램은 성장하는 학생들의 점진적인 욕구를 충족시키기 위하여 안전하고 흥미롭게 경기기술 및 스포츠 활동을 소개하는 방법으로 발전되었다. 넓은 범위에서 체육관 수업의 경기나 활동은 초·중등 교육과정에서 핵심적으로 다루는 기본 운동기술의 향상과 발전을 장려한다.

유아기 민첩성 프로그램(4~7세)

　유아기 민첩성 프로그램은 유아를 위한 체육관 수업 활동의 수요가 증가하면서 발전되었으며, 이 시기 유아들에게 꼭 필요한 신체적 기술을 가르치고 소개하기 위하여 열두 가지 활동을 고안하였다. 이 책에서는 유아기 민첩성 프로그램을 다루지 않고 있는데, 이에 대한 정보는 www.sportshall.org를 방문하여 참고하기 바란다.

민첩성 도전 프로그램(7~16세)

　민첩성 도전 프로그램은 신속하게 준비되고, 쉽게 적용할 수 있는 가장 대중적인 체육관 수업 활동으로 소개되고 있다. 개인이나 소그룹 규모로 참여할 수 있는 3종, 5종, 10종 경기 형태로 진행되고 있으며, 중요한 스포츠 기술을 향상시키고 검사할 수 있는 체계화된 구조를 제공한다.

초등 체육관 수업 프로그램(7~11세)

초등체육관 수업 프로그램에서는 재미와 흥미, 개인이 모둠을 위해 최선을 다하는 정신 등이 중요한 요소가 된다. 소프트 창던지기, 스피드 바운스, 목표물 향해 던지기 등을 포함하는 혁신적인 활동과 시설은 이 연령대 학생들의 독특한 경쟁 분위기를 고취시키고, 나아가 경기 형태의 활동을 도입하고 있다.

중등 체육관 수업 프로그램(11~16세)

제자리멀리뛰기와 제자리삼단뛰기 등 다양한 트랙경기는 이 연령대 학생들에게 핵심적인 운동기술 향상에 관심을 갖는 기회를 제공한다. 또한, 높이뛰기 등의 기존 전통 육상경기도 체육관 수업 프로그램에 포함되는데, 이는 육상경기 경험을 향상시키는 데 도움을 준다. 이 단계의 경쟁 경험은 운동선수를 추구하는 준비과정으로 작용하며, 많은 학생들은 지역사회 소규모 클럽에서의 경쟁에서부터 나아가 영국 챔피언십까지 진전할 수 있는 계기를 마련한다.

팀 경기 프로그램(11~16세)

팀 경기 프로그램은 표준적인 트랙 시설에서 다차원적인 활동이 가능하도록 고안되었다. 이는 전통적인 트랙활동과 필드활동으로의 효과적인 전이를 가능하게 한다. 이 책에서는 팀 경기 프로그램을 다루지 않고 있는데, 이에 대한 정보는 www.sportshall.org를 방문하여 참고하기 바란다.

트랙경기

아래의 표는 연령대에 맞는 가장 적절한 트랙경기를 제시하고 있다. 더 자세한 정보는 113쪽과 116쪽에서 확인할 수 있다. 트랙의 길이는 일반 트랙의 절반 길이인 30~35m를 권장하고 있다.

● = 매우 적절
○ = 적절
× = 부적절

	7~9세	9~11세	11~13세	13~16세
트랙경기				
1바퀴 레이스	○	○	●	●
2바퀴 레이스	×	○	●	●
4바퀴 레이스	×	×	●	●
6바퀴 레이스	×	×	●	●
1+1바퀴 릴레이	●	●	○	×
트랙경기				
1+2바퀴 릴레이	●	●	○	×
2+2바퀴 릴레이	●	●	○	○
6바퀴 릴레이	×	●	●	●
8바퀴 릴레이	×	×	●	●
4×1바퀴 장애물	●	●	●	●
4×2바퀴 장애물	×	○	●	●
허들 릴레이	●	●	●	○
장애물 릴레이	●	●	●	○
오버언더(Over Under) 릴레이	●	●	×	×
그랑프리	●	●	×	×
4×8m 하이스텝퍼	●	●	●	●
10×10m 셔틀런(왕복달리기)	○	●	●	●
태그 릴레이	●	●	○	×

필드경기

경기를 계획할 때 아래 표의 상단부터 차례대로 경기를 선택하는 것이 바람직하다. 아래 표의 추가 경기는 교육과정상의 활동이나 훈련을 위한 운동으로 더 자주 사용된다.

● = 매우 적절
○ = 적절
× = 부적절

	7~9세	9~11세	11~13세	13~16세
필드경기				
균형능력검사	●	●	○	○
가슴에서 밀기	●	●	●	●
높이뛰기	×	×	●	●
포환던지기	○	○	●	●
앉아서 던지기	●	●	×	×
소프트 창던지기	●	●	○	○
스피드 바운스	●	●	●	●
제자리멀리뛰기	●	●	●	●
제자리삼단뛰기	○	●	●	●
목표물 향해 던지기	●	●	○	○
수직점프	●	●	●	●
5단 뛰기	●	●	●	●
추가경기				
하이 바운스	×	×	●	●
원목(통나무) 던지기	○	●	●	●

	7~9세	9~11세	11~13세	13~16세
축구공 던지기	○	●	●	●
앞으로 던지기	○	●	●	●
머리 위로 들어 던지기	○	●	●	●
어깨 너머로 던지기	○	●	●	●

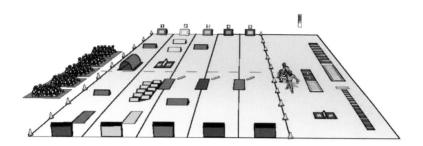

2장 트랙활동

트랙경기

초등 체육관 수업 프로그램: 7~11세
중등 체육관 수업 프로그램: 11~16세

두 가지 프로그램 모두 실내 농구장이나 체육관 강당에 설치될 수 있고 안전이 검증된 시설을 사용한다. 초등 체육관 수업 프로그램의 경우, 동료와 짝을 이루거나 팀을 구성하여 트랙의 경기에 참여하며 재미있는 기술과 체력 증진을 목표로 한다. 모든 점수는 한 팀의 점수로 합산된다. 중등 체육관 수업 프로그램은 성장 중인 운동선수에게 개인 트랙 레이스 및 실내 던지기 활동, 높이뛰기와 같은 변형된 필드활동을 제공한다. 중등 체육관 수업 프로그램은 개인 승자에게 다수 경기의 출전을 인정하는 팀 경쟁형태를 갖는다.

장비 설치하기 - 트랙

　레인은 아래의 그림과 같이 설치해야 한다. 초등 체육관 수업 프로그램에서는 반환점보드 사이의 거리가 1.10m이며, 중등 체육관 수업 프로그램에서는 1.25m가 적절하다. 각 트랙의 사이드에는 컬러 콘을 설치하여 경계를 표시한다.

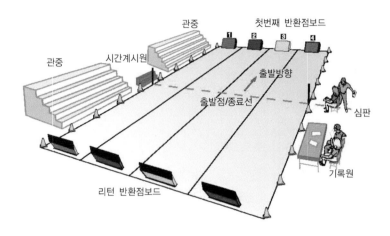

트랙경기에 필요한 장비

활동	트랙경기 시 각 레인에 필요한 장비							
	팀/덤블 매트	허들	터널	컬러 콘	배턴	반환점보드	스피드 바운스	하이스텝퍼
달리기 릴레이	1				1	2		
허들 릴레이	1	3			1	2		
장애물 릴레이	2	2				2	1	1
오버언더 릴레이	2	2	1			2		
	그랑프리 경기에 필요한 장비							
그랑프리	4	10	4	40				

추가적으로 요구되는 장비: 초시계, 호루라기, 랩 카운터(lap counter), 기록지, 레인 마커(lane marker).

트랙활동

이 활동들은 항상 동일한 출발선 및 피니시 라인을 사용하며, 학생들은 첫 번째 반환점보드를 향해 출발한다. 경기장의 끝 부분에는 랩 표시원이 랩 표시 카드를 이용해서 남은 바퀴 수를 정확히 표시한다.

경기방법

✦ 학생들은 첫 번째 반환점보드에서 턴을 하고 트랙을 돌아 반대편에 있는 리턴 반환점보드를 다시 턴하여 돌아온다.
✦ 학생이 처음 시작했던 방향의 출발선에서 다시 시작할 때 한 바퀴가 끝나며, 한 바퀴의 거리는 체육관 강당의 두 트랙의 길이와 동일하다.

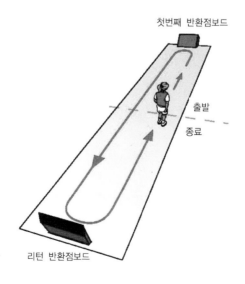

첫번째 반환점보드

출발

종료

리턴 반환점보드

경기시작

- ✦ 오직 스탠딩 스타트만이 허용된다.
- ✦ '준비(set)'의 신호를 사용하지 않는다. 모든 학생들이 준비가 되었을 때, 스타터가 '제자리에(on your marks)'를 외치고, 스타트 신호가 주어진다.
- ✦ 실내용 권총이 사용될 수 있지만, 호루라기가 더 바람직하다. 초등 체육관 수업 프로그램에서는 권총을 사용하지 않도록 한다.

레인구분

- ✦ 모든 레인은 어울리는 색상의 장비와 반환점보드 위의 숫자로 분명히 구분되어야 한다.

랩 표시

- ✦ 세 바퀴 이상의 레이스에서는 랩 표시원이 랩 표시 카드로 학생과 시간기록원 및 심판원에게 남아 있는 바퀴 수의 숫자를 보여준다. 랩 표시 카드를 든 랩 표시원은 각 트랙의 중앙 맨 끝에 위치한다.

주의: 동일한 거리
- ✦ 체육관 수업의 실내 트랙에서 달리는 거리와 실외 400m 트랙에서 달리는 거리를 동일시해서는 안 된다.

✦ 주의 깊게 살펴보면 학생이 반환점보드에 가까워지면서 속도를 낮추고 감속 후에 턴을 하면서 잠시 멈춘 후에 다시 가속하는 움직임을 관찰할 수 있다.

체육관 수업의 달리기는 페이스를 조절할 수 있는 유용한 활동으로 자연 환경 속에서 가속과 감속을 되풀이하는 트레이닝인 파틀렉 (Fartlek)의 경우도 예외가 아니다.

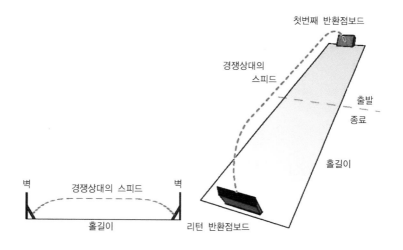

반환점보드

마치 수영장의 수영 선수가 레인 끝에서 턴을 하듯이 트랙활동에 참여하는 학생들도 각 레인의 끝에 위치한 반환점보드를 이용하여 턴을 한다. 이때, 양방향의 트랙 길이는 한 바퀴와 같게 된다.

학생은 반환점보드에 다가가면서 속도를 점차 줄이고, 앞서 나가는 발이 반환점보드에 상단을 차면서 몸통을 회전하며, 달려온 반대 방향으로 가속하면서 턴 동작을 마무리한다. 이때 반환점보드는 어느 발로 차든 상관없지만, 주로 차는 발의 반대 방향으로 회전하는 것이 일반적이다. 즉, 오른발로 찰 경우 왼쪽으로 턴을 하고, 왼쪽발로 찰 경우 오른쪽으로 턴을 한다.

안전을 위한 배려

- ✦ 반환점보드가 항상 정확한 각도로 벽에 고정되어 있는지를 확인한다.
- ✦ Eveque에서 승인된 반환점보드를 사용한다.
- ✦ 반환점보드가 바닥과 벽에 정확히 연결되어 있는지를 확인한다.
- ✦ 학생들이 턴 기술을 능숙하게 연습했는지를 확인한다.
- ✦ 트랙 표면과 학생의 신발 바닥이 깨끗하고 미끄럽지 않은지를 확인한다.

연습기술(위 그림 참조)

✦ 학생들은 반환점보드를 8~10m 거리로 마주 보고 일렬로 선다.

✦ 첫 주자는 보드를 향해 달려가서 턴을 하여 다시 되돌아오고 줄의 맨 뒤에 와서 다시 선다.

✦ 달려오는 주자가 줄의 앞부분을 지나칠 때 교사는 다음 주자가 출발하도록 신호를 준다.

✦ 학생들이 턴 동작에 익숙할 때까지 연습을 계속한다.

단서 제시

✦ 최적의 턴을 위해서는 보드의 중간 혹은 중간 아래 부분을 발로 미는 것이 중요하다. 이를 통해 몸의 무게중심을 더 낮추게 되고 균형을 유지할 수 있다.

✦ 한 발만을 이용해 보드를 미는 것이 두 발보다 더 빠르고 안전하다.

달리기 릴레이

설명

   팀 릴레이 레이스는 많은 학생들이 배턴을 들고 앞서 설명한 바퀴를 완주하는 경기이다. 출발선과 도착선은 두 반환점보드 사이의 중간 지점에 위치한다. 대기하는 학생들은 레인의 가장자리에 있는 팀 매트 위에 앉아 기다린다.

   완전한 한 바퀴는 출발선에서 출발하여 첫 번째 반환점보드를 턴하고, 리턴 반환점보드까지 달린 후에 다시 턴하여 도착점에 도착하기까지의 거리이다.

   11세 이하의 학생들은 4명씩 짝을 지어 릴레이 팀을 만들고 계주를 실시하며, 이를 통해 자신감과 팀워크를 함양할 수 있다.

안전을 위한 배려

- ✦ 대기하는 학생은 리턴 반환점보드를 향해 달려가는 학생들이 자신들을 지나칠 때까지 팀 매트에 앉아서 기다려야 한다.
- ✦ 트랙의 공간이 확실히 확보되었는지 확인한다.
- ✦ 릴레이 중에 트랙을 가로질러 통과해서는 안 된다.
- ✦ 트랙 표면과 학생의 신발 바닥이 깨끗하고 미끄럽지 않은지를 확인한다.

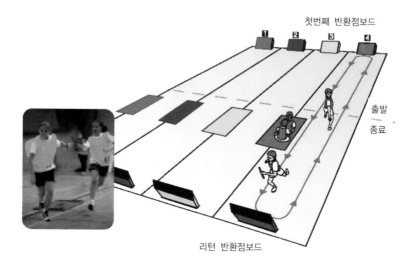

첫번째 반환점보드

출발
─
종료

리턴 반환점보드

레인당 시설 및 장비

✦ 두 개의 반환점보드
✦ 릴레이 배턴
✦ 호루라기
✦ 컬러 콘
✦ 대기용 팀 매트

규칙

✦ 첫 주자는 첫 번째 반환점보드를 마주 보고 출발선 안쪽에 대기
한다.
✦ 대기하는 학생들은 팀 매트에 앉아 기다린다.

✦ 호루라기와 함께 첫 주자는 출발하여 지정된 바퀴 수를 왕복하고, 다음 학생에게 배턴을 건네준다.
✦ 배턴 터치 후에 선행 주자는 팀 매트 위에 앉는다.
✦ 마지막 학생이 최종 트랙의 마지막 바퀴에서 도착선을 통과하면 경기는 끝이 난다.

단서 제시

✦ 배턴 터치를 꾸준히 연습하면 경기 기록을 단축시킬 수 있다.
✦ 리턴 반환점보드를 돌아 배턴을 건네주는 학생에게 배턴을 받는 학생은 정지한 상태에서 배턴을 받지 않도록 한다.
✦ 배턴을 건네준 학생은 레인을 비워 주기 위해 재빠르게 팀 매트에 앉도록 한다.

오버언더 릴레이

설명

11세 이하의 학생들을 위한 매우 대중적이고 재미있는 릴레이로, 네 명씩 팀을 구성하여 경기에 참여한다.

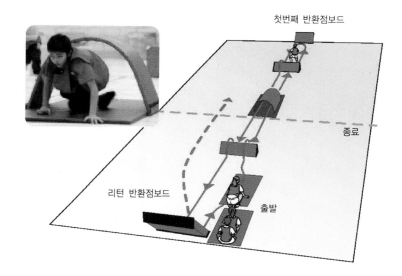

첫번째 반환점보드

종료

리턴 반환점보드

출발

안전을 위한 배려

✦ 반환점보드 사이의 적절한 레인의 폭을 위해 초등 체육관 수업
은 1.10m, 중등 체육관 수업은 1.25m로 한다.

✦ 반환점보드 옆에 대기용 팀 매트를 둔다.

✦ 트랙 표면과 학생의 신발 바닥이 깨끗하고 미끄럽지 않은지를
확인한다.

레인당 시설 및 장비

✦ 두 개의 반환점보드

✦ 두 개의 접이식 허들

✦ 기본 매트와 터널

✦ 두 개의 대기용 팀 매트

규칙

✦ 첫 주자가 호루라기 신호와 함께 앞구르기로 시작한다.
✦ 허들을 넘고, 터널을 지나고, 허들 넘기를 계속한다.
✦ 첫 번째 반환점보드에서 턴을 하고, 반대방향으로 달려오면서 동일한 과정을 반복한다.
✦ 리턴 반환점보드에서 턴을 하고 와서는 팀 매트 앞에 대기하고 있는 후속 주자의 어깨를 터치하여 순서를 넘긴다.
✦ 모든 학생이 각 트랙을 완주할 때까지 계속한다.
✦ 마지막 주자 역시 동일한 방법으로 트랙을 완주하는데, 리턴 반환점보드에서 턴을 하고 나서는 도착선까지 전속력으로 달린다.

주의: 학생들이 앞구르기를 수행할 때, 반드시 구부린 자세로 무릎이 바닥에 닿지 않도록 한다. 나이가 어린 학생들의 경우 옆 구르기로 실시할 수 있다.

단서 제시

✦ 팀 학생들은 트랙 안에서 질서를 유지하며, 반환점보드 앞에 앉아서는 안 된다.

장애물 릴레이

설명

재미있는 동작이 가미된 릴레이로 네 명의 학생이 한 팀을 구성하여 실시하며 협응성, 민첩성, 허들 기술 등의 향상을 가져온다.

안전을 위한 배려

- ✦ 반환점보드 사이의 적절한 레인의 폭을 위해 초등 체육관 수업은 1.10m, 중등 체육관 수업은 1.25m로 한다.
- ✦ 심판원은 미끄러지지 않게 스피드 바운스 매트를 발로 고정시킨다.

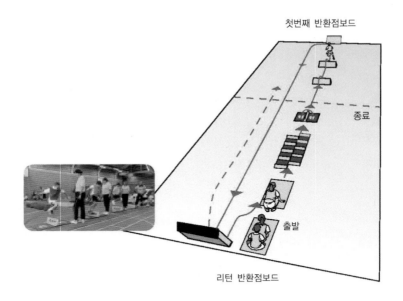

첫번째 반환점보드

종료

출발

리턴 반환점보드

레인당 시설 및 장비

✦ 두 개의 대기용 팀 매트

✦ 하이스텝퍼

✦ 스피드 바운스 매트

✦ 두 개의 접이식 허들

✦ 두 개의 반환점보드

규칙

✦ 첫 주자가 호루라기 신호와 함께 앞구르기로 시작한다.

✦ 첫 주자는 한쪽 발로 모든 공간을 짚어 가며 하이스텝퍼를 수행하고, 10개의 스피드 바운스를 실시한 뒤 두 개의 허들을 넘는다.

✦ 첫 번째 반환점보드에서 턴을 하고 전속력으로 달려 돌아간다(장애물을 피해서 달린다).

✦ 리턴 반환점보드에서 턴을 하고 와서는 팀 매트 앞에 대기하고 있는 후속 주자의 어깨를 터치하여 순서를 넘긴다.

✦ 마지막 주자 역시 동일한 방법으로 트랙을 완주하는데, 리턴 반환점보드에서 턴을 하고 나서는 도착선까지 전속력으로 달린다.

주의: 학생들이 앞구르기를 수행할 때, 반드시 구부린 자세로 무릎이 바닥에 닿지 않도록 한다. 앞구르기는 다양하고 흥미로운 요소들을 두루 포함하고 있기 때문에 레이스에서 매우 중요한 활동이지만, 나이가 어린 학생들의 경우 안전을 고려하여 옆 구르기로 대체하여 실시하거나 모둠에 따라서는 앞구르기를 생략할 수도 있다. 하이스텝퍼나 스피드 바운스 또는 터치를 정확하게 수행하지 않으면 0.5초의 벌칙이 주어진다.

단서 제시

학생

✦ 실격에 대한 벌칙이 주어지지 않도록 하이스텝퍼나 터치를 정

확하게 수행하는지 확인해야 한다.
- ✦ 팀 학생들은 트랙 안에서 질서를 유지하며, 반환점보드 앞에 앉아서는 안 된다.

심판원

- ✦ 스피드 바운스 매트당 한 명의 심판원이 배치되어 열 개의 스피드 바운스를 세도록 하며, 잘못된 하이스텝퍼나 터치에 대해서는 벌칙을 부여한다.
- ✦ 트랙의 바퀴 수를 명확하게 센 다음에 스피드 바운스 매트 위에 서도록 한다.

허들 릴레이

설명

재미있는 허들 릴레이는 네 명의 학생을 한 팀으로 구성한다. 바른 허들 기술 및 매끄러운 배턴 터치가 수행의 핵심 요인이 된다.

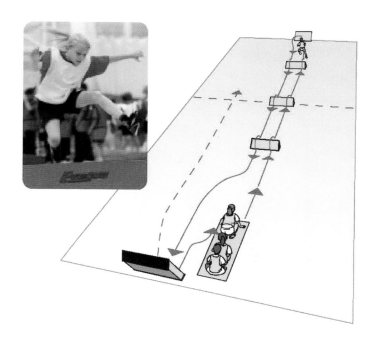

레인당 시설 및 장비

✦ 두 개의 반환점보드
✦ 세 개의 접이식 허들
✦ 한 개의 대기용 팀 매트
✦ 한 개의 릴레이 배턴

규칙

✦ 첫 주자가 호루라기 신호와 함께 배턴을 들고 출발한다.
✦ 세 개의 허들을 뛰어넘는다.

- ✦ 첫 번째 반환점보드에서 턴을 하고 다시 세 개의 허들을 뛰어넘
  어 리턴 반환점보드로 달린다.
- ✦ 리턴 반환점보드에서 턴을 하고 나서는 배턴을 다음 학생에게
  건네준다.
- ✦ 마지막 주자 역시 동일한 방법으로 트랙을 완주하는데, 리턴 반
  환점보드에서 턴을 하고 나서는 도착선까지 전속력으로 달린다.

단서 제시

학생

- ✦ 배턴 터치의 능숙함이 팀 수행 기록을 결정한다.
- ✦ 팀 학생들은 트랙 안에서 질서를 유지하며, 반환점보드 앞에 앉
  아서는 안 된다.

심판원

- ✦ 보조요원이 트랙 가장자리에 대기하고 있다가 경기 중에 넘어
  진 허들을 다시 세우는 일을 하도록 한다.

안전을 위한 배려

- ✦ 반환점보드 사이의 적절한 레인의 폭을 위해 초등 체육관 수업
  은 1.10m, 중등 체육관 수업은 1.25m로 한다.
- ✦ 허들 사이의 간격은 최소한 6.5m를 유지한다.
- ✦ 허들은 반환점보드와 최소한 6.5m 간격을 둔다.

- ✦ 첫 번째 허들은 출발선과 9m 간격을 둔다.
- ✦ 트랙 표면과 학생의 신발 바닥이 깨끗하고 미끄럽지 않은지를 확인한다.

릴레이

설명

릴레이 레이스는 전략, 역동성 그리고 팀워크가 요구되는 경기이다. 배턴을 들고 지정된 트랙 수만큼 돌아야 한다. 두 명의 학생으로 구성된 한 팀은 주어진 거리를 어떤 방법으로 완주할 것인지를 결정해야 한다. 릴레이 레이스는 항상 시간 기록 형식으로 진행된다. 학생들은 역동적으로 경기에 참여하지만, 첫 주자로 뛴 학생이 마지막 주자로 달릴 수는 없다.

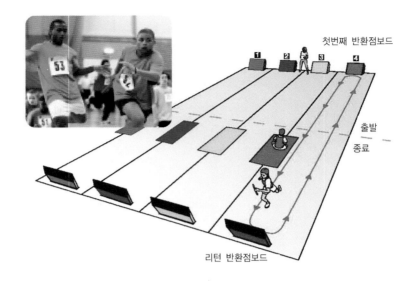

첫번째 반환점보드

출발
종료

리턴 반환점보드

레인당 시설 및 장비

✦ 두 개의 반환점보드

✦ 한 개의 대기용 팀 매트

✦ 한 바퀴 트랙 카운터

✦ 한 개의 릴레이 배턴

규칙

✦ 두 명의 학생을 한 팀으로 구성한다.

✦ 첫 주자가 첫 번째 반환점보드를 향해 출발선 뒤에서 준비한다.

✦ 호루라기 신호와 함께 출발하며, 첫 주자는 후속 주자에게 배턴
을 건네주기 전까지 최소한 트랙 한 바퀴를 완주해야 한다.

✦ 배턴을 들고 지정된 트랙의 수만큼 돌아야 하며, 주로 6~8바퀴 정도이다.

✦ 마지막 주자가 마지막 트랙의 도착선을 통과하면 레이스는 종료된다.

주의:

✦ 두 명의 주자는 최소 한 바퀴 이상을 수행해야 한다.

✦ 달려오는 방향에서 배턴을 교환한다.

✦ 후속 주자는 달리지 말고, 대기용 팀 매트에서 기다려야 한다.

단서 제시

✦ 배턴 터치의 능숙함이 팀 수행 기록을 결정한다.

안전을 위한 배려

✦ 반환점보드 사이의 적절한 레인의 폭을 위해 초등 체육관 수업은 1.10m, 중등 체육관 수업은 1.25m로 한다.

✦ 트랙의 바깥 가장자리를 분명히 표시하며, 관중들은 레이스 밖에서 관람한다.

✦ 트랙 표면과 학생의 신발 바닥이 깨끗하고 미끄럽지 않은지를 확인한다.

그랑프리 릴레이

설명

모든 학생이 한 바퀴의 경기장을 완주하는 흥미로운 릴레이 경기이다. 장소에 따라 경기의 규모나 구성이 달라질 수 있다. 각 팀의 인원은 트랙의 규모에 맞게 안전하게 구성한다. 동시에 경쟁 방식으로 진행되지만, 여섯 팀 이상이면 시간 기록 방식으로 진행한다.

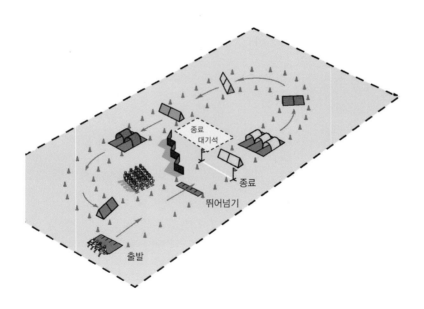

시설 및 장비

- ✦ 대기용 팀 매트
- ✦ 터널
- ✦ 접이식 허들
- ✦ 콩주머니
- ✦ 경기용 장애물
- ✦ 컬러 콘
- ✦ 팀별 유니폼

규칙

- ✦ 첫 주자가 콩주머니를 들고 호루라기 신호와 함께 앞구르기로 출발한다.
- ✦ 트랙을 따라 달리며, 허들을 넘고, 터널을 통과한다(레인이 구분 되지 않는다).
- ✦ 두 번째 주자는 배턴 터치 지점에서 콩주머니를 건네받는다(더 이상 앞구르기를 하지 않는다).
- ✦ 모든 학생은 트랙을 완주하고 마지막 학생은 도착선 끝까지 달 리도록 한다.

안전을 위한 배려

- ✦ 모든 주자는 앉아서 대기한다.

✦ 완주를 마친 학생들은 최종 지역에 와서 앉는다.

주의: 학생들이 완주를 마치고 콩주머니를 건네준 후에 최종 지역 옆에 와서 앉는다.

단서 제시

✦ 첫 번째 학생은 앞구르기에 능숙해야 한다.
✦ 보조요원을 각각의 허들과 터널 주변에 배치하여 대형을 유지한다.
✦ 제자리삼단뛰기 매트를 경기용 장애물로 이용할 수 있다.
✦ 하이스텝퍼의 간격을 적절한 코스의 표시로 이용한다.
✦ 팀 구분을 위해 색 구분이 가능한 팀별 유니폼을 권장한다.
✦ 안전상의 문제로 몸을 구부리도록 터널을 배치해서는 안 된다.

태그 릴레이

설명

네 팀이 동시적으로 릴레이에 참여한다. 릴레이의 목적은 앞 팀의 주자를 추격하여 배턴으로 태그하는 것이다. 8명의 학생을 한 팀으로

구성하는 것이 권장되지만, 항상 다른 팀과 인원수가 동일하지 않아
도 된다. 원의 반경은 10m 정도가 적당하다.

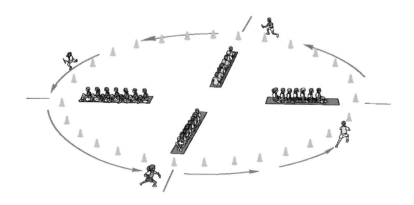

시설 및 장비

- ✦ 4개의 대기용 팀 매트
- ✦ 트랙 표시를 위한 컬러 콘
- ✦ 4개의 릴레이 배턴
- ✦ 초시계
- ✦ 호루라기

규칙

- ✦ 팀원들을 출발선을 마주 보고, 대기용 팀 매트에 앉는다. 각 팀
  의 첫 번째 학생이 출발선에 배턴을 들고 선다.
- ✦ 호루라기 신호가 울리면 첫 번째 학생은 반시계 방향으로 트랙

을 돌면서 앞 학생을 추격한다.
- ✦ 각각의 학생은 한 바퀴를 돌면 다음 학생에게 배턴을 건네주고, 대기용 팀 매트의 뒤에 가서 앉는다.
- ✦ 만약 한 팀이 태그되면, 심판원은 추격을 멈추고 태그한 팀에게 는 부상으로 1점을 부여한다. 이 두 팀은 위치를 바꾼다.
- ✦ 추격은 다음 학생들로 계속 이어진다. 팀 인원이 계속 바뀌면서 각각의 학생이 여러 번 트랙을 완주하기도 한다.
- ✦ 가장 많은 점수를 얻은 팀이 승리한다.
- ✦ 각 팀당 1분의 시간이 주어지며, 제한 시간이 지나도록 결과가 없으면 점수를 획득할 수 없다.

안전을 위한 배려

- ✦ 모든 대기 학생은 대기용 팀 매트에 앉아 있어야 한다.
- ✦ 배턴을 터치하고 나서 재빠르게 팀 매트의 뒤에 가서 앉도록 한다.

단서 제시

학생
- ✦ 배턴 터치를 연습한다.

심판원
- ✦ 한 명의 심판원은 팀별 태그를 관찰한다.
- ✦ 다른 한 명의 심판원은 시간을 확인한다.

직선형 릴레이

반환점보드 없이 하는 대체용 릴레이

이 릴레이는 실내 혹은 반환점보드 사용이 어려운 실외에서 실시할 수 있다. 대표적인 예로는 줄넘기 릴레이를 들 수 있다.

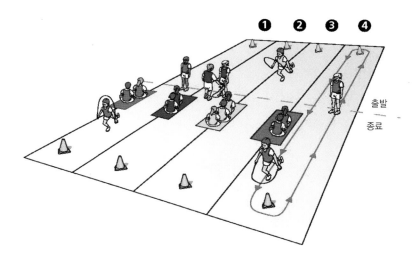

설명

이 릴레이 활동은 두 개 컬러 콘의 중간 지점인 출발선/도착선에서 시작해서 그 지점에서 끝이 난다. 대기하는 팀 인원은 레인 옆에 있는 대기용 매트에 앉아서 기다린다. 전체거리는 출발선에서 첫 번째 컬러 콘까지의 거리, 첫 번째 컬러 콘에서 반환점인 두 번째 컬러 콘까지의 거리, 그리고 두 번째 컬러 콘에서 도착선까지의 거리이다. 각 팀의 첫 번째 주자는 컬러 콘을 향해 출발선 뒤에 선다. 호루라기 신호가 들리면 첫 번째 주자는 줄넘기를 하면서 한 바퀴를 완주한다. 이어 줄넘기를 후속 주자에게 건네주면서 터치를 한다. 줄넘기 터치를 하고 나서 대기용 팀 매트의 끝에 가서 앉는다. 마지막 주자가 한 바퀴를 완주하게 되면 릴레이는 끝이 난다.

기타 직선형 릴레이

- ✦ 달리기 릴레이
- ✦ 기억력 릴레이
- ✦ 과제 혹은 장애물 릴레이
- ✦ 수집 릴레이

하이스텝퍼

설명

타이어를 이용한 미식축구 훈련을 보고 고안한 역동적인 활동으로 민첩성, 협응성, 스피드 및 가속도 등을 향상시킨다. 정해진 시간 안에 왕복 8m의 거리를 하이스텝퍼 4회를 실시하여 통과해야 한다.

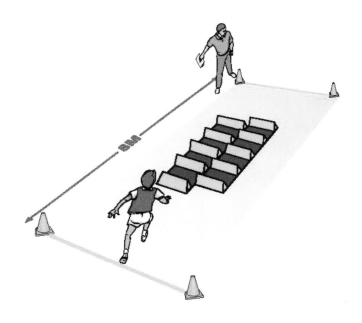

시설 및 장비

✦ 하이스텝퍼
✦ 4개의 컬러 콘과 표시용 테이프
✦ 초시계

규칙

✦ 학생은 출발선 뒤에서 출발하여 하이스텝퍼 사이의 네모 칸을 한 발로 밟으면서 전력으로 질주한다.
✦ 반환점에 도달하여 한 발로 턴한 다음, 반대방향으로 하이스텝 퍼를 실시하고 돌아온다.

✦ 4회를 반복적으로 실시한 후, 출발선에 도착했을 때까지의 시간을 잰다.

기록

✦ 시간은 0.1초 단위로 정확히 기록한다.

✦ 네모 칸을 제대로 밟지 않거나 건너뛸 경우, 0.1초의 벌칙을 부여한다.

✦ 반환점이나 출발선에 도달하기 전에 되돌아오는 경우에는 1회당 0.2초씩 벌칙을 부여한다.

✦ 체육관 수업의 점수표(138~143쪽)를 참조하여 시간을 점수로 환산한다.

단서 제시

학생

✦ 네모 칸을 정확히 밟아서 벌칙을 피한다.

심판원

✦ 학생과 심판원이 집중할 수 있도록 출발선과 반환지점에 있는 두 개의 컬러 콘을 설치한다.

안전을 위한 배려

✦ 코스마다 달릴 수 있는 적당한 여유 공간을 확보한다.

셔틀런(왕복달리기)

설명

10m 이상의 코스를 전력 질주하여 시간을 기록한다. 10회 왕복하며 가속, 감속 그리고 방향전환 능력 등을 테스트할 수 있다.

시설 및 장비

✦ 4개의 컬러 콘

✦ 초시계

✦ 호루라기

규칙

✦ 10m 코스는 위의 그림과 같이 설치한다.

- ◆ 출발선에 서서 호루라기 신호가 들리면 10m 거리를 10회 왕복하여 완주한 후 도착선을 통과한다.
- ◆ 방향을 전환할 때, 반환지점의 선 밖을 반드시 한 발로 밟은 후에 되돌아간다.

안전을 위한 배려

- ◆ 바닥에 파편 등이 없고, 코스 표면이 적합한지 그리고 각 코스가 끝날 때마다 달릴 수 있는 적당한 여유 공간을 확보하고 있는지 등을 확인한다.

낮은 허들
(주로 실외에서 실시되며, 50m 코스로 시간을 기록함)

설명

허들 넘기의 기본 단계 활동으로 적합하며, 낮은 허들을 넘어 50m를 달리고 시간을 기록한다. 적합한 연령대는 7~11세이다.

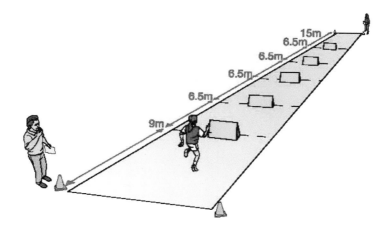

시설 및 장비

✦ 50㎝ 높이의 접이식 허들 5개

✦ 초시계

✦ 호루라기

규칙

✦ 코스는 위의 그림과 같이 설치한다.

✦ 출발선에 서서 호루라기 신호가 들리면 허들을 넘어 50m 코스
를 완주하고 도착선을 통과한다.

✦ 스타터의 역할과 시간을 기록해 줄 두 명의 심판원이 필요하다.

단서 제시

✦ 접이식 허들 내부에 무거운 걸 넣어 두면 어느 정도의 바람에는 날아가지 않는다.

안전을 위한 배려

✦ 이 연령대의 학생들에게는 일반적인 허들을 사용하지 않는 것이 좋다.
✦ 실외에서 실시할 때에는 2×2리터의 모래를 플라스틱 병에 넣어서 허들이 넘어지지 않도록 설치하는 것이 좋다.

전력질주 테스트
(주로 실외에서 시행됨)

설명

60m를 전력 질주하여 시간을 기록하는 단거리 레이스로 반사능력, 가속력 그리고 단거리 달리기 능력 등을 테스트할 수 있다.

60m

시설 및 장비

◆ 4개의 컬러 콘
◆ 초시계
◆ 호루라기

규칙

◆ 코스는 그림과 같이 설치한다.
◆ 출발선에 서서 호루라기 신호가 들리면 60m를 전력 질주하여
  도착선을 통과한다.
◆ 스타터의 역할과 시간을 기록해 줄 두 명의 심판원이 필요하다.

안전을 위한 배려

✦ 바닥에 파편 등이 없고, 코스 표면이 적합한지 그리고 각 코스
　가 끝날 때마다 달릴 수 있는 적당한 여유 공간을 확보하고 있
　는지 등을 확인한다.

3장 필드활동

제자리멀리뛰기

설명

　제자리에 선 자세에서 두 발로 점프하는 활동으로 하지근력 및 협응성을 테스트할 수 있다.

　1904년 3.47m로 세계 신기록이 수립되었고, 이후 그 기록은 80년 동안 지속되었으며, 현재 세계 신기록은 3.6m이다. IFTA 경기의 경우, 점프의 용이성과 기록 측정의 정확성을 위하여 특별히 눈금이 표시된 착지매트를 사용하고 있으며, 이 매트는 점프 거리를 쉽게 잴 수 있다.

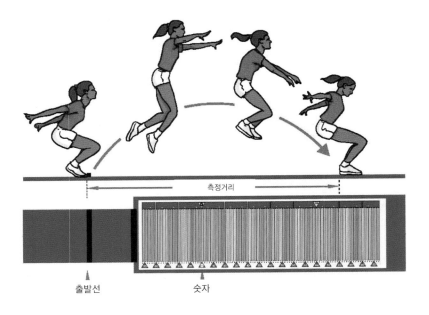

측정거리

출발선   숫자

시설 및 장비

✦ 제자리멀리뛰기 매트

규칙

✦ 발 구름선 뒤에서 서 있는 자세로부터 두 발을 동시에 발 구름
한다.

✦ 거리 측정은 발 구름선과 착지지점의 발뒤꿈치 위치를 기준으
로 한다.

✦ 점프 후에 발을 앞으로 내딛을 수는 있지만, 스텝이 뒤를 향하
거나 또는 매트와 접촉하거나, 점프 동작 없이 두 발을 바닥에

닿게 해서는 안 된다.

- ✦ 양발이 매트에 착지하기만 하면 그 점프거리는 유효하다.

단서 제시

- ✦ 무릎을 굽히고 양팔을 흔들면서 도약한다.
- ✦ 정확한 측정을 위해 심판원은 학생이 착지한 곳의 눈금을 손가락으로 가리키고 나서 결과를 읽는다.

안전을 위한 배려

- ✦ 착지지점에 파편이나 돌이 없는지 확인한다.
- ✦ 매트 표면에 물이나 쓰레기가 없는지 확인한다.

제자리삼단뛰기

설명

서 있는 자세에서 홉, 스텝, 점프의 과정을 거쳐 수행한다. 삼단뛰기 매트에는 1m 간격으로 발 구름 선이 그려져 있다. 가능하면 학생들에게 눈금이 그려진 매트 안에 착지할 수 있도록 점프를 지도한다.

시설 및 장비

◆ 제자리삼단뛰기 매트

규칙

◆ 한 발로 발 구름 하여 출발한 후에 홉, 스텝, 점프의 연속적인
과정을 거쳐 정확하게 수행한다.

◆ 거리 측정은 발 구름선과 착지지점의 발뒤꿈치 위치를 기준으
로 한다.

✦ 점프 후에 발을 앞으로 내딛을 수는 있지만, 스텝이 뒤를 향하거나 또는 매트와 접촉하거나, 점프 동작 없이 두 발을 바닥에 닿게 해서는 안 된다.

✦ 양 발이 매트에 착지하기만 하면 그 점프거리는 유효하다.

단서 제시

연속동작 수행이 어려운 학생들에게는 다음의 기술을 지도하는 것이 바람직하다.

✦ 자유롭게 편한 발로 홉을 한 후에, 반대발로 걷도록 하고, 두 발을 이용해 점프하여 착지한다.

✦ 정확한 측정을 위해 심판원은 학생이 착지한 곳의 눈금을 손가락으로 가리키고 나서 결과를 읽는다.

안전을 위한 배려

✦ 착지지점에 파편이나 돌이 없는지 확인한다.

✦ 매트 표면에 물이나 쓰레기가 없는지 확인한다.

수직점프

설명

   서 있는 자세로부터 신장과 체중을 이용하여 수직으로 점프하는 활동으로 국제적으로 체중 대 하지근력의 비율을 테스트하도록 설계되었다. 체육관 수업에서는 자기력으로 들어 올린 슬라이드식의 눈금을 이용하는 수직점프 계측기판을 사용한다. 수직점프 계측기판은 점프를 하기 전 신장을 조절할 수 있도록 되어 있다.

시설 및 장비

- ✦ Tip-2-Tip 수직점프
- ✦ 분필 가루
- ✦ 닦을 천

규칙

- ✦ 학생은 벽을 등지고 머리 및 발뒤꿈치가 벽에 닿게 하여 선다.
- ✦ 두 팔을 위로 들고, 손가락 끝으로 슬라이더를 밀어 올린다.
- ✦ 팔꿈치와 손가락은 바르게 펴고, 팔은 머리 옆에 닿도록 하며, 두발은 바닥과 평행하게 유지한다.
- ✦ 손가락 끝에 분필가루를 묻히고, 서 있는 자세로 점프한다.
- ✦ 최대한 높은 지점을 터치한다.
- ✦ 분필가루 가장 상단 지점의 바로 아랫부분 눈금을 측정하며, 기록은 센티미터 단위로 측정하여 기록한다.

단서 제시

- ✦ 학생은 점프 눈금 옆에 서서 두 무릎은 굽히고, 높이뛰기 위해 팔을 흔들어 준다.
- ✦ 활석(talc)은 분필의 좋은 대체용품이다.
- ✦ 눈금에 있는 초크를 지울 때 깨끗한 옷을 사용하도록 하며 정확한 점프높이를 확인하기 위해 눈금보드를 아래로 당긴다.

안전을 위한 배려

✦ 바닥에 있는 분필가루로 인해 미끄러질 수 있기 때문에 분필가
루는 항상 깨끗하게 정리하도록 한다.

5단 뛰기

설명

서 있는 자세로부터 5보 정도 큰 보폭으로 뛰도록 하며, 전체 거리
는 눈금이 표시된 측정용 매트를 통해 읽는다. 이 활동은 도약 기술
의 도입활동으로 적절하며, 모든 수평 점프의 기본이 된다. 큰 보폭으

로 뛰는 동작은 보폭의 길이 및 움직임 제어능력을 향상시킨다. 큰 보폭으로 5보 뛰는 동작은 삼단뛰기를 위한 도입동작으로 적절하다.

시설 및 장비

✦ 제자리삼단뛰기 매트 또는 눈금이 표시된 측정용 매트
✦ 컬러 콘

규칙

✦ 출발선 뒤에서 서 있는 자세로부터 출발하여 큰 보폭으로 5보 뛰도록 한다.
✦ 거리는 가장 가까운 25㎝ 단위로 측정하여 기록한다.
✦ 마지막으로 뛴 발이 착지한 지점에서 뒤꿈치 뒷부분을 기준으로 눈금을 읽어야 한다.
✦ 3회의 시기가 주어진다.

단서 제시

✦ 최적의 수행을 위해서 앞의 그림처럼 멀리 뛰는 연습을 하도록 한다.

안전을 위한 배려

✦ 딱딱한 바닥에서 시행하는 경우, 제자리삼단뛰기 매트의 사용을 권장한다.

✦ 눈금이 표시된 측정용 매트를 사용하는 경우, 매트와 인접하고
  수평인 곳에 점프하도록 한다.

높이뛰기

설명

체육관 수업에서 진행되는 실내 높이뛰기는 도약지점 및 학생들의
점프 기회를 제한하고 있다. 이는 학생들로 하여금 경쟁을 유발함으
로써 자신들이 도달할 수 있는 능력에 맞는 높이를 뛸 수 있도록 집
중하게 만든다.

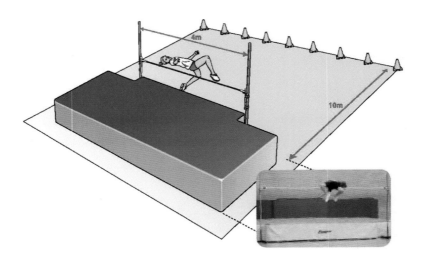

시설 및 장비

- ✦ 착지매트와 커버를 포함한 높이뛰기 매트
- ✦ 높이뛰기 대
- ✦ 높이뛰기 바
- ✦ 줄자
- ✦ 바닥용 테이프 또는 플라스틱 컬러 콘
- ✦ 클립보드와 펜
- ✦ 추가적인 안전 매트(필요한 곳에)

규칙

체육관 수업 경기를 위해 변형된 규칙은 다음과 같다.

- ✦ 10m 박스로 발 구름 지역을 표시한다(테이프나 컬러 콘을 사용).
- ✦ 학생들은 반드시 발 구름 박스의 안쪽이나 경계선 위에 발이 닿도록 점프를 시작해야 한다.
- ✦ 모든 학생들은 7회 이상 점프를 시도할 수 없다.
- ✦ 3회 연속 점프를 실패한 학생의 경우 탈락 처리된다.
- ✦ 처음 시작하는 높이는 경기 전에 미리 동의가 이루어져야 하며, 성공할 수 있을 만한 수준으로 설정되어 최소한 1회의 성공을 기록할 수 있도록 해야 한다.

주의: 필드 심판원은 규칙을 적용하는 재량권을 갖는다. 특히, 공정하고 안전한 경쟁을 보장하기 위해 필요한 경우 시작하는 높이를 적

용하는 데에 있어서도 재량권을 가진다.

안전을 위한 배려

- ✦ 모든 장비는 올바른 순서로 구성되어야 하며, 숙련자에 의해 올바르게 설치되어야 한다.
- ✦ 높이뛰기 매트의 딱딱한 표면이 있는 부분과 후방 부근은 보호 매트로 덮여 있어야 한다.
- ✦ 9세 이하의 학생들은 경기에 참여하지 않도록 한다.

목표물 향해 던지기

설명

목표물 향해 던지기는 눈과 손의 협응성과 던지기 기술의 정확성 등을 테스트할 수 있으며, 학생들은 색상이 있는 콩주머니를 3m, 5m, 7m, 9m 거리에 있는 동일한 색의 목표물에 던져 넣는 활동이다.

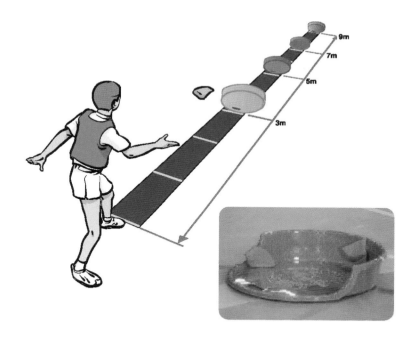

시설 및 장비

✦ 목표물 던지기 세트(20개의 콩주머니, 백보드 높이가 12.5㎝이고 지름이 80㎝인 4가지 색상의 목표물 후프, 눈금이 표시된 측정용 매트)

규칙

✦ 던지는 라인 뒤에 서서 같은 색의 콩주머니 5개를 각각 동일한 색의 목표물 후프에 던진다.
✦ 콩주머니가 동일한 색의 목표물 후프에 들어가면 2점을 부여한다.

- ✦ 콩주머니가 바닥에 먼저 맞고 들어갔거나 일부분만 들어갔으면 1점을 부여한다.
- ✦ 다른 색 목표물에 들어갔거나 장외로 나갔으면 0점을 부여한다.
- ✦ 최대 점수는 40점으로 한다.

단서 제시

- ✦ 던지는 팔의 반대 발을 앞으로 내밀어 균형을 유지한다.
- ✦ 학생들이 던지는 라인을 넘지 않도록 멈춤 보드나 벤치를 사용할 수 있다.

안전을 위한 배려

- ✦ 던지는 방향이 다른 활동으로부터 멀리 떨어져 있는지 확인한다.
- ✦ 모든 던지기활동은 철저히 안전이 통제된 상태에서 진행되어야 한다.

소프트 창던지기

설명

서 있는 자세에서 플라스틱 또는 불노즈(Bull Nosed) 창을 미리 표시된 던지기 구역 안으로 던지는 활동으로 던진 거리는 10m 간격으로 눈금이 표시된 측정매트를 이용하여 기록한다.

시설 및 장비

- ✦ IFTA에서 승인된 실내용 플라스틱 창
- ✦ IFTA에서 승인된 실외용 불노즈(Bull Nosed) 창
- ✦ 10m 간격으로 눈금이 표시된 측정매트
- ✦ 컬러 콘

규칙

- ✦ 두 발은 던지는 라인 뒤 바닥에 닿게 하고, 서 있는 자세에서 창을 던진다.
- ✦ 던진 거리는 던지는 라인 앞에서부터 시작하여 창끝이 매트에 닿은 지점까지로 한다.
- ✦ 거리는 미터 단위로 측정하며, 측정된 거리는 항상 창끝이 매트에 닿은 거리보다 작아야 한다.

심판

- ✦ 3명의 심판원이 필요하다.
- ✦ 심판원 1은 던지는 라인에서 거리를 측정한다.
- ✦ 심판원 2, 3은 창끝이 떨어진 지점의 거리를 측정한다.

단서 제시

- ✦ 창을 쥘 때 올바른 지점은 창을 손바닥 위에 눕혔을 때 균형을 이루는 지점이다.
- ✦ 던지는 팔의 반대 발을 앞으로 내민다.

안전을 위한 배려

- ✦ 모든 던지기활동은 철저히 안전이 통제된 상태에서 진행되어야 한다.

✦ 던지기 구역 안으로 경기와 직접적으로 관련이 없는 학생들이
나 관람객들이 돌아다니지 않도록 항상 컬러 콘이나 경계선을
사용하여 적절히 설치하도록 한다.

✦ 대기하고 있는 학생들 뒤에서는 절대로 창을 던져서는 안 된다.
IFTA에서 승인된 창은 안전하게 설계되었지만 어릴 때부터 올
바른 던지기 기술을 교육시키는 것이 중요하다.

앉아서 던지기

설명

앉아서 던지기는 4호 사이즈의 축구공을 두 손으로 잡아 머리 위
로 던지는 동작으로, 학생들은 체육관의 의자에 두 발을 바닥에 고정
하고 앉아 머리 뒤로부터 던지기를 연습할 수 있다. 신속하고 쉬운
판정을 위해서 눈금이 표시된 측정용 매트를 25㎝ 증가시켜서 사용
하는 것을 권장한다.

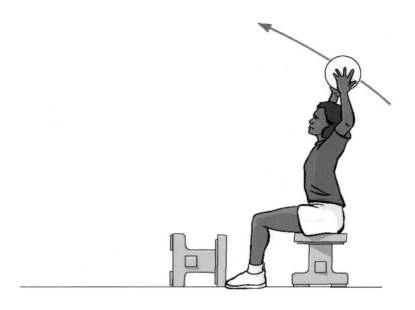

시설 및 장비

- ✦ 4호 사이즈의 축구공
- ✦ 눈금이 표시된 측정용 매트
- ✦ 두 개의 의자

규칙

- ✦ 두 발 모두 바닥에 붙어 있어야 하고 벤치에 앉은 상태를 유지
  해야 한다.
- ✦ 반드시 두 손을 머리 위에 올린 상태로 공을 던져야 한다.
- ✦ 던지는 선부터 공이 처음으로 땅에 닿은 지점까지의 거리를 측

정하며, 가장 가까운 줄자가 있는 지점 쪽으로 기록한다.

✦ 측정되는 곳은 던지는 선으로부터 직각을 이룬다.

안전을 위한 배려

✦ 가능하면 벽을 향해 던지도록 한다.

포환던지기

설명

　체육관 수업 경기에 따르면 포환 경기는 바닥을 손상시키지 않도록 디자인된 실내용 포환을 사용한다. PVC로 된 표면과 모래를 채워 넣어서 만든 포환은 착지지점에 압력을 줄 수 있다. 이 경기는 적절한 멈춤 보드를 이용해서 직선으로 던지는 형태로 적용하는 것이 가능하지만, 보통 이동 가능한 실내용 포환 서클 안에서 실시된다.

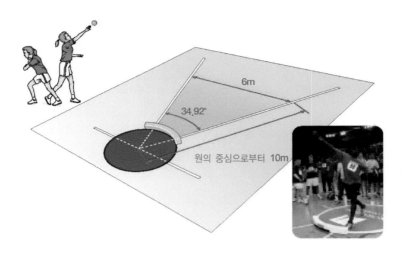

시설 및 장비

- ✦ 실내용 PVC 포환
- ✦ 이동 가능한 실내용 포환 서클
- ✦ 안전 장벽
- ✦ 줄자
- ✦ 바닥용 테이프

권장되는 포환 무게

	여학생	남학생
13세 미만	2.72kg	3.25kg
15세 미만	3.25kg	4.00kg

주의: 11세 이하 학생들의 경우에는 가벼운 포환을 사용한다(600g의 포환을 사용한다).

배치하기

착지 구역은 흰색 선을 이용하여 5㎝ 간격으로 표시하되 원의 중심에서 34.92°의 각도로 표시하여 안쪽 경계부분의 선들을 연장해서 그었을 때, 원의 중심을 통과하도록 해야 한다.

34.92°는 정확하게 지켜져야 하며, 구역 위의 두 점 사이의 거리를 원의 중심으로부터 10m, 가로 6m가 되도록 만든다.

규칙

✦ 모든 학생들에게 3회의 기회가 주어진다.
✦ 포환은 목에서부터 밀어져야 하며, 던져서는 안 된다.
✦ 포환은 착지 구역 내에 떨어져야 한다.
✦ 학생은 포환이 바닥에 떨어지기 전에 원을 벗어나서는 안 된다.
✦ 원에서 벗어날 때는 원의 중심선으로부터 완전히 떨어져 있어야 한다.
✦ 실내 바닥에 안전상의 위험을 초래할 수 있기 때문에 분필이나 또는 유사한 파우더를 사용하는 것은 허용하지 않는다.

안전을 위한 배려

✦ 경기가 실시되는 지역은 순환 구역으로부터 떨어져서 위치해야 하며, 벽이나 줄 등으로 경계가 이루어져야 한다.
✦ 학생들은 공식적인 진행자에 의해 구역이 관리되지 않는 한 던지거나 연습하는 것이 허용되지 않는다.
✦ 학생들은 정해진 무게 이상의 포환을 던질 수 없다.

가슴에서 밀기

설명

서 있는 자세로 1kg의 공을 들고 가슴으로부터 두 손을 이용하여 미리 측정된 던지기 구역 안으로 밀어 던지는 활동이다.

모든 종류의 공 던지기를 위한 시설 및 장비

- ✦ 4호 사이즈의 축구공(7~8세의 어린 학생들)
- ✦ 1kg의 메디신볼(9~12세의 여학생)
- ✦ 1kg의 메디신볼(9~10세의 남학생)
- ✦ 2kg의 메디신볼(13세 이상의 여학생)
- ✦ 2kg의 메디신볼(11~12세의 남학생)
- ✦ 3kg의 메디신볼(13세 이상의 남학생)
- ✦ 눈금이 표시된 측정용 매트

규칙

- ✦ 공은 가슴으로부터 두 손을 이용하여 밀도록 한다.
- ✦ 두 발은 항상 바닥에 붙어 있어야 한다.
- ✦ 한 발은 앞을 향해도 좋지만, 뛰거나 점프하면 안 된다.
- ✦ 던지는 선을 넘으면 안 된다.
- ✦ 측정은 공이 바닥에 처음으로 접촉한 지점으로 하되 가능한 25 cm 단위로 기록한다.
- ✦ 가슴은 항상 전방을 향하게 하고 몸통을 회전하며 던질 수 없다.

단서 제시

- ✦ 던지는 공에 최대한 힘을 실어 주기 위해 항상 두 무릎은 굽혔 다가 펴 주면서 밀도록 한다.

✦ 최적의 수행을 위해 45° 지점에서 공을 던진다.

✦ 심판원들은 던지는 구역의 측면에 서서 눈금이 표시된 측정용 매트를 이용해 거리를 읽는다.

안전을 위한 배려

✦ 가능하면 벽을 향해 던지도록 한다.

축구공 던지기

설명

던지는 방향을 향해 두 손을 이용하여 던진다. 이 활동은 온몸을 이용한 당기기 기술을 활용하기 때문에 창던지기의 도입 활동으로 적절하다.

규칙

✦ 두 손을 머리 위로 올린 상태에서 던지도록 한다.

✦ 반드시 던지는 방향을 향해 던지도록 한다.

✦ 던지기를 시작할 때 두 발은 반드시 던지는 선 뒤에 있어야 하며, 한 발은 다른 발보다 앞에 위치해야 한다.

✦ 던지는 도중이나 던진 이후에도 선을 넘어서는 안 된다.

✦ 달리거나 걸어와서 던지는 것은 허용되지 않는다.

✦ 측정은 던지기 선으로부터 공이 처음으로 바닥에 떨어진 지점 까지의 거리로 이루어지며, 가능한 25㎝ 단위로 기록한다.

모든 종류의 공 던지기를 위한 시설 및 장비

✦ 4호 사이즈의 축구공(7~8세의 어린 학생들)

✦ 1kg의 메디신볼(9~12세의 여학생)

✦ 1kg의 메디신볼(9~10세의 남학생)

✦ 2kg의 메디신볼(13세 이상의 여학생)

✦ 2kg의 메디신볼(11~12세의 남학생)

✦ 3kg의 메디신볼(13세 이상의 남학생)

✦ 눈금이 표시된 측정용 매트

앞으로 던지기

설명

던지는 방향을 향해 두 손을 이용하여 던진다. 던지는 동작에 있어 두 다리와 몸통의 기여도를 강조한다.

규칙

✦ 두 손을 팔 아래로 내린 상태에서 던지도록 한다.

✦ 공을 무릎 사이에 들고 반드시 던지는 방향을 향해 던지도록 한다.

✦ 던지기를 시작할 때 두 발은 반드시 던지는 선 뒤에 있어야 한다.

✦ 던지는 도중이나 던진 이후에도 선을 넘어서는 안 된다.

✦ 측정은 던지기 선으로부터 공이 처음으로 바닥에 떨어진 지점 까지의 거리로 이루어지며, 가능한 25㎝ 단위로 기록한다.

모든 종류의 공 던지기를 위한 시설 및 장비

- ◆ 4호 사이즈의 축구공(7~8세의 어린 학생들)
- ◆ 1kg의 메디신볼(9~12세의 여학생)
- ◆ 1kg의 메디신볼(9~10세의 남학생)
- ◆ 2kg의 메디신볼(13세 이상의 여학생)
- ◆ 2kg의 메디신볼(11~12세의 남학생)
- ◆ 3kg의 메디신볼(13세 이상의 남학생)
- ◆ 눈금이 표시된 측정용 매트

머리 위로 들어 던지기

설명

자신의 등을 던지는 방향으로 향하게 해서 두 손을 이용하여 머리 위로 들어 던지는 활동으로 몸 전체를 이용한 들어올리기 기술을 활용하기 때문에 해머던지기의 도입 활동으로 적절하며, 자신의 힘을 확인할 수 있다.

규칙

✦ 두 손을 머리 위로 들어 올려 던지도록 한다.

✦ 자신의 등을 던지는 방향을 향하도록 한 채 던진다.

✦ 던지기를 시작할 때 두 발은 반드시 던지는 선 뒤에 있어야 한다.

✦ 던지는 도중이나 던진 이후에도 선을 넘어서는 안 된다.

✦ 측정은 던지기 선으로부터 공이 처음으로 바닥에 떨어진 지점
까지의 거리로 이루어지며, 가능한 25㎝ 단위로 기록한다.

모든 종류의 공 던지기를 위한 시설 및 장비

- ✦ 4호 사이즈의 축구공(7~8세의 어린 학생들)
- ✦ 1kg의 메디신볼(9~12세의 여학생)
- ✦ 1kg의 메디신볼(9~10세의 남학생)
- ✦ 2kg의 메디신볼(13세 이상의 여학생)
- ✦ 2kg의 메디신볼(11~12세의 남학생)
- ✦ 3kg의 메디신볼(13세 이상의 남학생)
- ✦ 눈금이 표시된 측정용 매트

어깨 너머로 던지기

설명

자신의 등을 던지는 방향으로 향하게 해서 두 손을 이용하여 어깨 너머로 던지는 활동으로 몸 전체를 이용한 던지기(fling)와 들어올리기(heave) 기술을 활용하기 때문에 해머던지기의 도입 활동으로 적절하다.

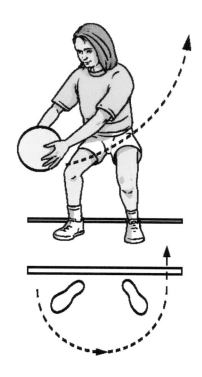

규칙

✦ 두 손을 이용하여 어깨 너머로 던지도록 한다.

✦ 오른손잡이는 왼쪽 어깨 너머로 공을 던지도록 한다.

✦ 왼손잡이는 오른쪽 어깨 너머로 공을 던지도록 한다.

✦ 자신의 등을 던지는 방향을 향하도록 한 채 던진다.

✦ 던지기를 시작할 때 두 발은 반드시 던지는 선 뒤에 있어야 한다.

✦ 던지는 도중이나 던진 이후에도 선을 넘어서는 안 된다.

✦ 측정은 던지기 선으로부터 공이 처음으로 바닥에 떨어진 지점 까지의 거리로 이루어지며, 가능한 25㎝ 단위로 기록한다.

모든 종류의 공 던지기를 위한 시설 및 장비

- ✦ 4호 사이즈의 축구공(7~8세의 어린 학생들)
- ✦ 1kg의 메디신볼(9~12세의 여학생)
- ✦ 1kg의 메디신볼(9~10세의 남학생)
- ✦ 2kg의 메디신볼(13세 이상의 여학생)
- ✦ 2kg의 메디신볼(11~12세의 남학생)
- ✦ 3kg의 메디신볼(13세 이상의 남학생)
- ✦ 눈금이 표시된 측정용 매트

안전을 위한 배려

- ✦ 모든 던지기 활동의 던지는 방향이 다른 활동으로부터 떨어져 있는지 확인해야 한다.
- ✦ 모든 던지기 활동은 철저히 안전이 통제된 상태에서 진행되어야 한다.

원목(통나무) 던지기

설명

이 활동은 전통적인 스코틀랜드 경기를 학생들의 수준에 맞게 변

형하여 적용시킨 것이다. 정확성과 균형능력 그리고 협응성 등을 테스트할 수 있으며, 원목의 끝이 뒤집어지고 또 뒤집어져서 미리 표시된 착지 구역에 착지하도록 하는 것이 목표이다.

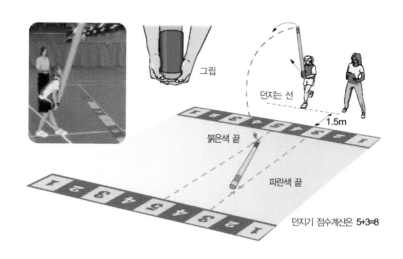

그립

던지는 선

1.5m

붉은색 끝

파란색 끝

던지기 점수계산은 **5+3=8**

시설 및 장비

✦ 원목
✦ 원목 점수용 매트

지시사항

✦ 원목의 파란색과 빨간색 끝 중 한쪽을 손으로 컵처럼 감싸서 잡도록 하고, 두 팔은 반드시 펴져 있어야 하며, 원목은 어깨에 편

안히 기대져 있어야 한다.

✦ 바닥을 향해 원목을 던지는데, 가능한 한 직선 방향으로 던져야
한다. 손을 잡은 쪽의 반대쪽 끝이 반드시 먼저 바닥에 닿아야
하며, 가능한 한 던진 지점으로부터 멀리 떨어져야 한다.

점수

✦ 거리에 따른 점수가 아닌 방향에 따른 점수이며, 시작 지점을
넘거나 밟더라도 벌칙이 주어지지는 않는다.

✦ 원목의 두 끝이 처음 바닥에 닿은 지점을 표시하여 선을 긋고,
이 두 지점이 위치한 원목 점수용 매트 위에 점수를 합한다.

✦ 모든 학생에게 3회 기회가 주어지며, 3회 던진 점수를 합해서
총점을 산출한다.

단서 제시

학생

✦ 시작 선을 향해 3~4보 정도 걸어 나가면서 원목을 밀어 던지도
록 한다. 어깨를 이용해서 앞으로 밀고, 팔과 손을 이용해서 위
로 밀어 던진다.

심판원

✦ 학생들이 던지기 전에 원목을 잡은 끝을 기록한다.

✦ 테스트 전에 연습할 수 있는 충분한 기회를 제공한다.

안전을 위한 배려

✦ 던지는 구역이 명확하게 제한되고, 철저히 안전이 통제된 상태
에서 실시하도록 한다.

스피드 바운스

설명

스피드와 리듬감, 협응성 등을 테스트할 수 있으며, 장애물을 가운
데 두고 두 발을 이용하여 정해진 시간 안에 가능한 많이 좌우로 점
프하는 활동이다.

테스트 시간(경기)	
7~11세	20초
12~16세	30초
민첩성 측정 테스트 시간	
모든 연령	20초

시설 및 장비

✦ 9~16세 학생들을 위한 스피드 바운스 매트

✦ 7~8세 학생들을 위한 숫자매트, 장애물

✦ 초시계

✦ 호루라기

규칙

- ✦ 정해진 시간 안에 1회의 기회가 주어진다.
- ✦ 매트 위에 어느 한쪽에서 두 발을 동시에 이용하여 시작한다.
- ✦ 호루라기 신호와 함께 시작하며, 정해진 시간 안에 가능한 많이 바운스한다.
- ✦ 매트의 양쪽에 두 발이 반드시 닿아 있어야 카운트로 인정한다.
- ✦ 가운데 장애물(wedge)이 움직이면 바운스는 무효 처리한다.
- ✦ 장애물에 닿았지만 매트의 반대편에 두 발을 착지하면 그 바운스는 카운트로 인정한다.
- ✦ 호루라기 소리와 함께 종료한다.

단서 제시

- ✦ 2명의 심판원이 권장된다. 1명은 시간을, 1명은 바운스 카운트를 담당한다.
- ✦ 학생들이 테스트에 익숙해지도록 연습시간을 제공한다.

안전을 위한 배려

- ✦ 신발 끈이 안전하게 묶여 있는지 등 학생들의 신발상태가 적합한지 확인한다.
- ✦ 매트의 미끄러짐을 방지하기 위해 심판원이 매트의 한 모서리를 한 발로 고정한다.

하이 바운스

설명

두 발을 모아 20초 동안 높은 폼 장애물(wedge)을 건너뛴다. 이 운동은 최소한으로 무게중심을 들어올리면서 장애물을 건너뛰는 것으로 허들 경기의 기초적인 원리를 습득할 수 있기 때문에 허들 종목에서 매우 중요한 운동이 되고 있다.

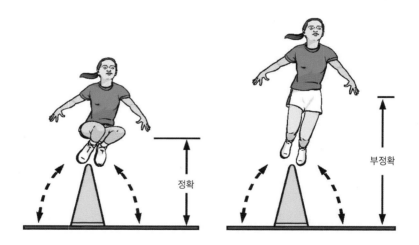

하이 바운스	
9~11세	30cm의 장애물
12~16세	40cm의 장애물

시설 및 장비

✦ 폼 하이바운스 장애물(Foam Hi−Bounce Wedge)
✦ 초시계

규칙

✦ 적절한 높이의 폼 장애물을 두 발을 모아 20초 동안 건너뛴다.
✦ 점프 시 장애물을 넘어뜨리면 이 시점에서 한 바운스는 상대편
  이 한 것으로 카운트된다.
✦ 2회의 기회가 주어지며, 이때 두 번째 시도는 최소 5분 이상의
  휴식시간이 주어진 후 이루어진다.

안전을 위한 배려

✦ 폼 하이바운스 장애물은 안전을 고려하여 제작되었으므로 사용
  을 권장한다.
✦ 9세 이하의 학생들의 경우에는 참가하지 않도록 한다.

균형능력검사

설명

균형능력은 모든 스포츠 활동의 기본이 되는 요인이다. 표준 Euro
-fit 테스트는 이미 체육관 수업의 초등 프로그램 및 민첩성 측정 종
목으로 채택되었다.

테스트 시간	
왼발	15초
오른발	15초
왼발	15초
오른발	15초
합	60초

시설 및 장비

- ✦ IFTA에서 승인된 평균대
- ✦ 초시계
- ✦ 선택사항: 평균대 안전매트

규칙

- ✦ 한 발로 평균대 위에 선다(이 발은 평균대를 가로질러서 있는 것이 아니라 반드시 나란히 놓여야 한다).
- ✦ 손으로 발목을 잡고, 평균대 위에서 한 발을 든다. 심판원의 도움을 받는다.
- ✦ 심판원의 손이 떨어질 때부터 시간을 측정한다.
- ✦ 다리 잡은 손을 풀거나, 땅에 닿거나, 15초가 지나면 시간을 멈춘다.
- ✦ 15초마다 다리를 바꿔 가면서 실시한다.
- ✦ 최대시간은 60초이다.
- ✦ 시간은 최대한 정확한 '초' 단위로 측정하여 기록한다.

단서 제시

학생

- ✦ 발목을 잡고 있지 않은 팔을 이용해 균형을 잡는다.

심판원

✦ 학생들이 종목에 익숙해지도록 한 번의 연습기회를 준다.

✦ 테스트를 시작할 때 학생들이 심판원의 팔을 잡아 균형을 잘 유
지할 수 있도록 보조해 준다.

안전을 위한 배려

✦ 평균대가 바닥에서 미끄러지지 않도록 주의한다.

✦ 평균대 안전매트의 사용을 권장한다.

체육관 초급활동

다음 장의 배치도를 참고하여 팀원들이 도착하기 전에 시설 및 장
비들을 올바르게 설치한다.

시설물 배치도의 예시

아래 그림은 체육관 초급활동을 실시하기 위해 배치된 필드 경기
장의 좋은 예이다.

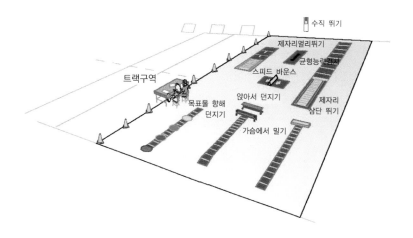

안전을 위한 배려

✦ 적절한 감독을 받고, 각 경기장들이 적절한 간격을 유지하도록
  한다.

✦ 벽을 향해 점프하는 일이 없도록 한다.

✦ 반드시 벽을 향해 던지도록 한다.

체육관 중급활동

시설물 배치도의 예시

아래 그림은 체육관 중급활동을 실시하기 위해 배치된 필드 경기장의 좋은 예이다.

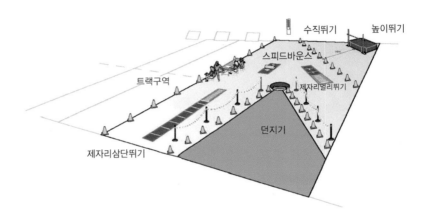

안전을 위한 배려

✦ 수직점프 근처 바닥에 뿌려진 분필가루는 깨끗이 닦아 내도록한다.

✦ 포환 경기 구역은 다른 사람들이 드나들지 않도록 확실하게 표시해 놓는다.

이 배치도는 11세 이상의 학생들이 트랙경기 및 높이뛰기와 포환 경기 등을 할 수 있는 대규모 체육관에서의 시설물 배치를 보여 준다.

주의: 필드 경기장은 반드시 관람석에서 먼 곳에 배치한다.

4장 체육관 경기

체육관 경기

체육관 수업은 초등학교와 중등학교 체육과목의 중심에서 주요 신체적 기술들을 개발시키는 걸 종합하고 장려한다. 많은 운동들과 혁신적인 경기 방식들이 이를 위해 개발되었다.

체육관 민첩성 도전활동

민첩성 도전활동은 경기가 도입될 수 있는 가장 이상적인 수단을 알려 주며 개인 혹은 단체 경기를 위한 영역을 제공한다. 민첩성 도전활동의 자세한 내용은 5장에서 설명된다.

초등 체육관 수업 프로그램

이 운동 형식은 많은 학생들에게 첫 체육 경기 경험을 준다. 많은 학생들이 일반적인 중등학교 수준의 경기에 참가하게 되고 중요하거나 기념할 만한 날은 모두에게 주어진다. Eveque는 전국 규모의 연간 지역 행사들을 지원하며 영국 전역에서 열리고 있는 단체, 가족 혹은 연합 행사들의 클라이맥스를 제공한다.

중등 체육관 수업 프로그램

체육관 수업은 청소년들이 실외 경기 시즌에 앞서서 그들의 기술들을 발달시킬 수 있는 이상적인 프로그램을 제공해 준다. 많은 지역 단위 대회 프로그램들이 있음에도 불구하고 많은 학교들이 학교 간 경기를 위해 체육관 수업을 채택했다.

클럽과 지역 리그

30여 년 동안 체육관 수업은 재미와 경쟁적인 활동들을 섞은 프로그램으로 클럽들이 겨울 시기 동안 훈련된 젊은 학생들을 유지시키는 걸 지원해 주었다. 많은 국가들이 체육관 수업 겨울 리그와 챔피언리그에 참가한다.

노리치 연합 스포츠
(Norwich Union sports: hall Fun in Athletics)

영국에 속하는 각 나라들의 대표 팀들은 잉글랜드의 지역 축제들에 참가한다. 이와 유사하게 만 11세 이하의 학생들이 재미있고 경쟁력 있는 경기에 참가하는 기회를 주는 축제들이 스코틀랜드와 얼스 터와 웨일스에서 열린다.

노리치 연합 스포츠(Norwich Union Sports: UK Championships 체육관 영국 선수권 대회)

재능 있는 13세 이하 그룹들과 15세 이하 그룹들은 영국 전역의 지역 대회들에서 경기를 펼치며 결승전들은 스코틀랜드와 얼스터와 웨일스에서 열린다. 권위 있는 영국 결승전은 매년 버밍엄의 전국(national) 실내 경기장에서 열린다.

각 경기의 경기 형태와 참가 자격 조건 등을 포함한 경기 프로그램에 관한 자세한 내용은 www.sportshall.org에서 확인하기 바란다. 체육관 초급 프로그램은 다음과 같다.

체육관 초급 프로그램

체육관 수업은 흥미롭고 매우 인기 있는 초보를 위한 체육 경기 프로그램이다. 아래의 자료는 대회의 전체적인 개요를 알려 주고 팀의 필요조건들을 제시한다.

팀의 정보

체육관 초급 프로그램의 팀들은 최소한 9명 이상의 여학생과 9명 이상의 남학생으로 구성되어야 하며 남녀 각각 15명 이하로 제한되어 있다. 각 학생들은 아래와 같이 최대 2개의 트랙경기와 2개의 필드경기에 참가할 수 있다.

트랙경기	
1+1 릴레이 달리기 2+2 릴레이 달리기 6바퀴 릴레이	각각 2명의 여학생과 2명의 남학생을 요구함
장애물 릴레이 달리기 오버언더 릴레이 4×1 릴레이 달리기	각각 4명의 여학생과 4명의 남학생을 요구함
필드경기	
가슴에서 밀기 소프트 창던지기 스피드 바운스 제자리멀리뛰기 삼단뛰기 수직뛰기	각각 3명의 여학생과 3명의 남학생을 요구함

추가 정보

학생들이 맨발이나 올바르지 못한 신발을 신고 경기하는 것이 허락되지 않음을 학생들에게 유의시키기 바란다. 위의 자료는 만 9세, 10세, 11세 학생들을 위한 형태이다. 다른 경기 형태를 위한 자세한 자료들을 찾기 위해서는 www.sportshall.org를 방문하기 바란다.

체육관 초급 프로그램

팀들에 대한 짧은 환영과 팀 소개가 있은 후 대회는 바로 시작된다.

트랙경기	필드경기
장애물 달리기 - 여자부 장애물 달리기 - 남자부	
1+1 릴레이 달리기 - 여자부 2+2 릴레이 달리기 - 여자부	가슴에서 밀기, 제자리멀리뛰기, 삼단뛰기, 수직뛰기(남자부 - 1 라운드)
1+1 릴레이 달리기 - 남자부 2+2 릴레이 달리기 - 남자부	가슴에서 밀기, 제자리멀리뛰기, 삼단뛰기, 수직뛰기(여자부 - 1 라운드)
6바퀴 릴레이 - 여자부	가슴에서 밀기, 제자리멀리뛰기, 삼단뛰기, 수직뛰기(남자부 - 2 라운드)
6바퀴 릴레이 - 남자부	가슴에서 밀기, 제자리멀리뛰기, 삼단뛰기, 수직뛰기(여자부 - 2 라운드)
오버언더릴레이 - 여자부	가슴에서 밀기, 제자리멀리뛰기, 삼단뛰기, 수직뛰기(남자부 - 3 라운드)
오버언더릴레이 - 남자부	가슴에서 밀기, 제자리멀리뛰기, 삼단뛰기, 수직뛰기(여자부 - 3 라운드)

트랙경기	필드경기
소프트 창던지기 – 여자부 스피드 바운스 – 남자부	소프트 창던지기 – 남자부 스피드 바운스 – 여자부
4×1 릴레이 달리기 – 여자부 4×1 릴레이 달리기 – 남자부	
시상식	

다른 프로그램들에 관한 설명은 www.sportshall.org를 방문해서 얻기 바란다.

체육관 초급 프로그램 기록지

Festival _____

Date _____

School _____

Teacher _____

Fun in Athletics Girls / Boys Team	Number of athletes per event		Obstacle Relay	1 + 1 Lap Relay	2 + 2 Lap Relay	6 Lap Paarlauf	Over / Under Relay	4 x 1 Lap Relay	Chest Push	Foam Javelin	Speed Bounce	Standing Long Jump	Standing Triple Jump	Vertical Jump
			Track Events						Field Events					
			4	2	2	2	4	4	3	3	3	3	3	3
1														
2														
3														
4														
5														
6														
7														
8														
9														
10														
11														
12														
13														
14														
15														

1. 각 학생들의 경기에 적절한 상자들을 제 위치에 놓아 주세요.
2. 학생들은 각각 두 개의 트랙경기와 필드경기에만 참여해야 한다.
3. 여러분들의 모둠 활동지를 복사해 놓아야 한다.
4. 여러분들은 축제 당일 모둠 활동지를 사용해야 한다.

5장 민첩성 도전활동

민첩성 도전활동 소개

설명

여기에 제시된 재미있는 경기들은 교실이나 체육관, 놀이터와 학교 운동장 등 거의 모든 곳에서 할 수 있다. 이 경기들은 만 7세부터 16세 사이의 학생들에게 적합한 운동들이다. 이 각 활동은 각 개인의 기본적인 운동 능력을 측정하면서도 동시에 많은 인원이 참가할 수 있도록 고안되었다. 학생들이 개인 점수 카드(Personal Score Card)를 지급받으며 이 카드에는 그들의 성취도와 평가점수가 기록된다. 참여도와 자기 발전이 중요하게 작용한다.

민첩성 도전활동	Triathlon-3종경기
	Pentathlon-5종경기
	Decathlon-10종경기

배치도

　민첩성 도전활동의 경기 배치도는 주어진 공간의 크기에 따라 달라진다. 3종 경기와 5종 경기의 권장 배치도는 130쪽과 131쪽에 있다.

규칙

✦ 표준 체육관 수업 경기 규칙들이 동일하게 적용된다(트랙경기, 필드경기 단락 참조).

단서 제시

✦ 높은 성취도를 보이기 위해선 점수 카드에 쓰인 경기표 순서대로 경기에 참가하라.

✦ 재시도하기 전에 완전히 회복한 뒤에 하라.

✦ 교육받는 상황에선 학생들도 다른 학생들의 성취도를 평가할 수 있다.

안전을 위한 배려

✦ 장애물 근처에 시설들을 배치하지 말아야 한다.
✦ 활동을 하는 장소의 경계선을 확실히 확보하라.

민첩성 도전활동

학생들은 이 프로그램의 모든 활동들을 완료한 후 그들의 점수를 개인 점수에 기록한다. 해당되는 등급이 계산되어 성취도 증명서가 그들의 경험에 대한 영원한 기념물로 주어진다. 다음은 민첩성 도전활동 중 3종 경기의 예시이다.

NAME	A Student		AGE 8	GIRL	✔
				BOY	

TEAM / SCHOOL **Westfield Primary**

EVENTS	TRIALS				PERFORMANCE	POINTS
BALANCE TEST (4 x 15 seconds)	LEFT LEG	RIGHT LEG	LEFT LEG	RIGHT LEG	TOTAL	
	8	15	12	15	50	
STANDING LONG JUMP	1		2	3	BEST	
	1.94		1.80	1.93	1.94	
SPEED BOUNCE (20 seconds)	10	22	26	40	(52)	62	TOTAL	
	-	-	-	-	9		49	

SIGNED **Teacher** | TOTAL POINTS |

Stage 1: 각 종목의 결과를 민첩성 도전활동의 개인 점수 카드에 기록한다.

POINTS TABLE   GIRLS SHEET 1A

Points	Balance Test 4 x 15 sec	St. Long Jump	Speed Bounce 20 Secs	Target Throw	55-Stagger 2.2 m	Circuit Push Ups	Overhead Jump	Overhead Throw	Shuttle Run V2 4 Min	Pass up and Stand Javelin	Standing Triple Jump	Points
	n/a	1cm	1 no	n/a	0.15m	25cm	5cm	10sec	0.15m	1 min	1 cm	
	n/a	m/s	no.	no.	sec	m/s	m/s	cm	m/s	m/s	m/s	
If your score goes off the table points are awarded as follows:												
80	-	2.55	73	-	11.5	11.75	63	12.00	22.4	-	2.00	80
79	-	2.55	72	-	11.6	-	67	-	22.6	88	7.20	79
78	-	2.48	71	-	11.7	11.50	66	71.75	22.8	-	2.00	78
77	-	2.48	70	-	11.6	-	69	-	23.0	28	3.20	77
76	-	2.46	69	-	11.9	11.25	66	71.50	23.0	-	2.78	76
75	-	2.43	68	48	12.0	-	64	-	25.1	28	3.30	75
74	-	2.40	67	39	12.2	11.00	63	71.25	24.2	-	3.05	74
73	-	2.37	66	-	12.4	-	61	-	24.5	27	2.71	73
72	-	2.34	65	38	12.5	12.75	-	71.00	24.6	-	2.50	72
71	(60)	2.33	64	37	12.6	-	60	-	24.5	26	2.07	71
70	-	2.35	63	-	12.7	10.75	-	10.75	24.8	-	2.55	70
69	60	2.26	62	36	12.8	-	-	-	24.7	26	2.43	69
68	-	2.25	61	55	12.9	10.25	59	10.50	24.6	-	2.70	68
67	55	2.24	60	-	12.8	-	57	-	24.6	26	2.00	67
66	57	2.23	59	34	13.1	10.00	-	10.25	25.0	-	2.00	66
65	56	2.25	86	86	13.5	9.75	55	-	25.1	24	2.00	65
64	55	2.18	57	-	13.3	9.50	55	10.00	25.2	-	2.46	64
63	54	2.16	-	32	13.4	-	-	9.75	25.3	-	2.48	63
62	48	2.14	56	81	13.5	9.25	55	-	25.4	23	2.48	62
61	5a	2.13	55	-	13.6	-	55	9.50	25.5	-	2.50	61
60	51	2.10	-	-	13.7	9.00	-	9.25	25.4	-	2.35	60
59	39	2.08	54	30	13.8	-	51	-	25.7	24	6.16	59
58	49	2.06	53	39	13.9	8.75	51	9.00	25.9	-	6.18	58
57	49	2.03	-	-	14.0	8.50	-	8.75	25.9	-	6.00	57
56	47	2.00	52	36	14.1	8.35	50	-	25.9	26	6.00	56
55	49	-	51	-	14.0	8.00	49	8.50	26.0	-	3.35	55
54	45	-	-	27	14.3	-	49	8.35	26.6	-	5.65	54
53	44	1.91	50	-	14.4	7.75	-	8.00	25.9	19	3.70	53
52	45	1.89	-	36	14.5	7.50	48	7.75	26.5	-	5.75	52
51	42	1.86	49	35	14.6	-	-	7.25	22.3	-	6.64	51
50	41	1.85	-	36	14.7	7.25	44	7.20	22.6	19	5.55	50
49	40	1.70	48	36	14.8	7.00	42	7.25	26.3	-	5.50	49
48	39	1.78	-	23	14.9	-	42	-	26.4	17	5.50	48
47	38	1.76	42	21	15.0	6.75	41	2.60	26.7	-	3.48	47
46	37	1.75	-	36	15.1	6.50	40	6.70	26.9	16	3.34	46
45	35	1.76	46	15	15.2	-	-	-	29.1	-	6.18	45
44	35	1.66	-	18	15.3	6.00	39	-	26.5	-	5.16	44
43	34	1.68	45	17	15.4	-	36	-	26.9	-	5.99	43
42	33	1.66	44	16	15.5	5.50	-	6.55	25.1	14	5.55	42
41	32	1.61	-	14	15.6	-	37	-	26.5	-	5.00	41

Stage 2: 140~147쪽에 있는 표를 참고로 하여 각 종목마다 얻은 점수를 확인한다.

AGILITY CHALLENGE - TRIATHLON SCORE CARD						
NAME A Student			**AGE** 8	**GIRL**		
				BOY ✔		
TEAM / SCHOOL Westfield Primary						

EVENTS	TRIALS				PERFORMANCE	POINTS
BALANCE TEST (4 x 15 seconds)	LEFT LEG	RIGHT LEG	LEFT LEG	RIGHT LEG	TOTAL	
	8	15	12	15	50	59
STANDING LONG JUMP	1		2	3	BEST	
	1.94		1.80	1.93	1.94	54
SPEED BOUNCE (20 seconds)	10	20	30	40	(50) 60	TOTAL
	-	-	-	-	9	49	51
SIGNED Teacher					TOTAL POINTS	164

Stage 3: 민첩성 도전활동의 개인 점수 카드에서 얻은 점수를 모두 합산한다.

AWARDS FOR AGILITY CHALLENGE				TRIATHLON
AWARD	AGE IN YEARS ON DAY			
	7, 8 & 9	10 & 11	12 & 13	14 & 15
GOLD	(160)	162	168	172
SILVER	125	100	130	130
BRONZE	115	122	137	145
BLUE	90	104	112	118
GREEN	72	80	86	91
YELLOW	46	55	64	70
ORANGE	18	35	-	-

Stage 4: 148쪽에 나와 있는 표를 참고하여 해당하는 등급을 확인한다.

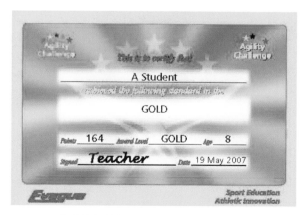

Stage 5: 각 개인의 성취도에 대한 증명으로서 증명서에 기록한다.

초급 민첩성 도전활동(만 7~11세)

✦ Triathlon – 3종 경기
   – 협응능력, 균형, 속도, 리듬감, 그리고 다리 근력을 향상 시킨다.

✦ Pentathlon – 5종 경기
   – 눈부터 팔까지의 협응능력, 민첩성, 정확하게 던지는 능력으로 협
     응능력, 균형감, 속도, 리듬감, 그리고 다리 근력을 향상시킨다.

✦ Decathlon – 10종 경기
   – 상체 근력, 체력, 그리고 지구력을 향상시킨다.
     눈부터 팔까지의 협응능력, 민첩성, 정확하게 던지는 능력,
     협응능력, 균형감, 속도, 리듬감, 그리고 다리 근력을 키우는
     데 도움이 된다.

3종 경기

10종 경기

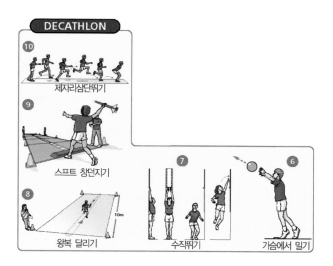

중급 민첩성 도전활동(만 11~16세)

✦ Triathlon — 3종목 경기
   - 협응능력, 균형감, 속도, 리듬, 그리고 다리 근력을 향상시키다.
✦ Pentathlon — 5종목 경기
   - 상체 근력, 민첩성을 향상시킨다. 또한 협응능력, 균형감, 속
     도, 리듬과 다리 근력을 향상시킨다.
✦ Decathlon — 10종목 경기
   - 힘, 체력, 지구력을 향상시킨다.
     눈부터 팔까지의 협응능력, 민첩성, 정확하게 던지는 능력에
     도 도움이 된다.

3종 경기

5종 경기

10종 경기

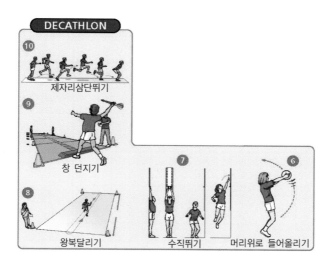

3종 경기(Triathlon)

시설 배치도 – 순서 진행방향을 보여 준다.

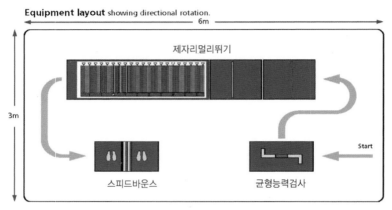

Equipment layout showing directional rotation.

제자리멀리뛰기

3m

스피드바운스

균형능력검사

Start

점수 카드. 유의사항: 140～147쪽에 나온 점수표를 이용한다.

민첩성 훈련(Agility Challenge) – 3종 경기(Triathlon) 점수 카드								
이름				나이		여자		
						남자		
팀명 / 학교								
종목	시도(차)						시행결과	점수
균형능력검사 (4×15초)	왼쪽 다리	오른쪽 다리		왼쪽 다리	오른쪽 다리		총계	
제자리멀리뛰기	1		2		3		최고기록	
스피드 바운스 (20 초)	10	20	30	40	50	60	총계	
signed							총점	

5종 경기(Pentathlon)

시설 배치도—순서 진행방향을 보여 준다.

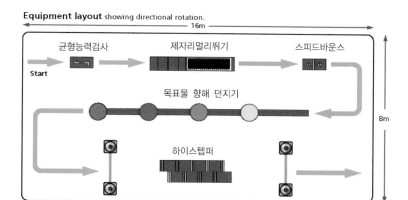

Equipment layout showing directional rotation.

점수 카드. 유의사항: 140～147쪽에 나온 점수표를 이용한다. 이 점수 카드는 초등 5종 경기를 위한 것이다.

민첩성 훈련(Agility Challenge)－5종 경기(Pentathlon) 점수 카드							
이름				나이		여자	
						남자	
팀명/학교							
종목	시도(차)					시행결과	점수
균형능력검사 (4×15초)	왼쪽 다리		오른쪽 다리		왼쪽 다리	오른쪽 다리	총계	
제자리멀리뛰기	1		2		3		최고기록	
스피드 바운스 (20초)	10	20	30	40	50	60	총계	

목표물 향해 던지기	노란색-3m	초록색-5m	파란색-7m	빨간색-9m	총계	
하이스텝퍼 (4×8m Shuttle run)	경과 시간(time taken)-초		실책(Faults)		누적시간	
확인					총점	

10종 경기(Decathlon)

설명

　민첩성 도전활동인 10종 경기는 좀 더 높은 연령대의 학생들에게 적합하며 다양한 범위의 종목에 참여하도록 한다. Flow System을 사용함으로써 공간과 시간이 제한되어 개개인들이나 팀들은 열 종목의 구역을 진행한다. 개개인은 자신의 개인 점수 카드를 지참하며 단체의 경우 경기 표준 종목 카드를 사용할 수 있다. 이 프로그램 형식은 점수를 계산하기 위해 체육관 수업의 점수표를 사용하며 개인과 단체 점수 모두에 적용된다.

　10종 경기는 학교 운동회 날, 클럽 모임(강습), 팀 대항전에 적합하다. 연령대별로 그리고 실내, 실외의 여부에 따라 서로 다른 프로그램들이 고안되었다.

10종 경기 (초급 만 7~11세)	10종 경기 (중급 만 11~16세)
1. 균형능력검사	1. 균형능력검사
2. 제자리멀리뛰기	2. 제자리멀리뛰기
3. 스피드 바운스	3. 스피드 바운스
4. 목표물 향해 던지기	4. 가슴에서 밀기
5. 하이스텝퍼	5. 하이스텝퍼
6. 가슴에서 밀기	6. 머리 위로 들어 올리기
7. 수직뛰기	7. 수직뛰기
8. 10m×10m 왕복달리기	8. 10m×10m 왕복달리기
9. 소프트 창던지기	9. 창던지기(Turbo Javelin)
10. 제자리에서 삼단뛰기	10. 제자리에서 삼단뛰기

진행순서

종목 구역들은 137쪽의 배치도 도해와 같이 준비한다. 학생들은 점수 카드가 주어지며 여기에 자기 이름과 나이와 학교 혹은 팀 이름을 기입한다. 그리고 각 종목 구역들을 돌면서 개인 성취도 기록을 위해 카드에 수행 결과를 적게 된다.

규칙

10종 경기는 개인들이나 팀 활동에서 사용될 수 있다.

개인 참가의 경우 표준 체육관 수업 경기 규칙이 적용된다.

팀 경기의 경우 아래의 규칙들이 적용된다.

✦ 권장하는 팀의 인원은 10명이다.

✦ 남자와 여자의 경기는 별도로 진행된다.

✦ 138~143쪽에 있는 점수표를 이용한다.

✦ 각 구역에서 팀의 구성원 10명 모두 참가하나 결과가 좋은 7명의 점수만이 합산되어 팀의 점수로 기록된다.

✦ 10종 경기는 10종목에서의 팀 점수의 합산이다.

✦ 가장 높은 점수의 팀이 시합에서 우승하는 것이다.

안전을 위한 배려

✦ 모든 종목 구역들이 감독하에 있도록 한다.

✦ 구역마다 일정 이상 간격을 유지하도록 한다.

10종 경기 다이어그램

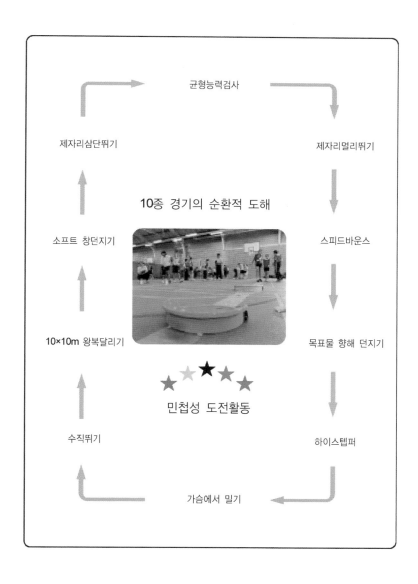

균형능력검사

제자리삼단뛰기

제자리멀리뛰기

10종 경기의 순환적 도해

소프트 창던지기

스피드바운스

10×10m 왕복달리기

목표물 향해 던지기

★★★★★

민첩성 도전활동

수직뛰기

하이스텝퍼

가슴에서 밀기

10종 경기 점수카드

점수 카드. 유의사항: 140~147쪽에 나온 점수표를 이용한다. 이 점수 카드는 초등 10종 경기를 위한 것이다.

민첩성 도전활동(Agility Challenge) - 10종 경기(Decathlon) 점수 카드								
이름					나이		여자	
							남자	
팀명/ 학교								
종목	시도(차)						시행결과	점수
균형능력검사 (4×15초)	왼쪽 다리		오른쪽 다리		왼쪽 다리	오른쪽 다리	총계	
제자리멀리뛰기	1		2		3		최고기록	
스피드 바운스 (20초)	10	20	30	40	50	60	총계	
목표물 향해 던지기	노란색-3m		초록색-5m	파란색-7m		빨간색-9m	총계	
하이스텝퍼 (4×8m Shuttle run)	경과 시간(time taken)-초			실책(faults)			누적시간	
1kg 가슴에서 밀기	1		2		3		최고기록	
수직뛰기	1		2		3		최고기록	
왕복달리기 10×10m	정해진 시간의 시도						초	
소프트 창던지기	1		2		3		최고기록	
제자리에서 삼단뛰기	1		2		3		최고기록	
확인							총점	

10종 경기 팀 점수카드

이 카드는 초등학교 10종 경기를 위한 것이다.

This score card is for the Primary Decathlon

School/Club

Date:

Sheet no.:

Name

Boy

Girl

Age

Score / Points

Balance Test

Standing long Jump

Speed Bounce

Target Throw

Hi-Stepper

Chest Push

Vertical Jump

Foam or Bull Nosed Javelin

Shuttle Run 10 x 10m

Standing Triple Jump

Total Points

Award

% Improvement

EXAMPLE SCORE CARD

점수	균형능력검사 4×15초	제자리멀리뛰기	스피드바운스 20초	목표물향해던지기	하이스텝퍼 4×8m	가슴에서밀기 1kg 공	수직점프	셔틀런(왕복달리기) 10×10m	소프트창던지기	제자리삼단뛰기	점수
				당신의 기록을 점수표와 비교하면 다음과 같다.							
증액	n/a	2cm	1no.	n/a	0.1초	25cm	1cm	0.1초	1m	6cm	증액
점수	n/a	1	1	n/a	2	2	1	1	2	1	점수
	초	m	회	회	초	m	cm	초	m	m	
80	—	2.52	73	—	11.5	11.75	68	23.4	—	7.60	80
79	—	2.50	72	—	11.6	—	67	23.6	30	7.53	79
78	—	2.48	71	—	11.7	11.50	66	23.8	—	7.46	78
77	—	2.46	70	—	11.8	—	65	23.9	29	7.39	77
76	—	2.44	69	—	11.9	11.25	64	24.0	—	7.32	76
75	—	2.42	68	40	12.0	—	63	24.1	28	7.25	75
74	—	2.40	67	39	12.2	11.00	62	24.2	—	7.18	74
73	—	2.37	66	—	12.4	—	61	24.3	27	7.11	73
72	—	2.34	65	38	12.5	10.75	—	24.4	—	7.04	72
71	60	2.32	64	37	12.6	—	60	24.5	26	6.97	71
70	—	2.30	63	—	12.7	10.50	59	24.6	—	6.90	70
69	59	2.28	62	36	12.8	—	—	24.7	25	6.83	69
68	—	2.26	61	35	12.9	10.25	58	24.8	—	6.76	68
67	58	2.24	60	—	13.0	—	57	24.9	24	6.69	67
66	57	2.22	59	34	13.1	10.00	—	25.0	—	6.62	66
65	56	2.20	58	33	13.2	9.75	56	25.1	23	6.55	65
64	55	2.18	57	—	13.3	9.50	55	25.2	—	6.48	64
63	54	2.16	—	32	13.4	—	—	25.3	—	6.42	63
62	53	2.14	56	31	13.5	9.25	54	25.4	22	6.36	62
61	52	2.12	55	—	13.6	—	53	25.5	—	6.30	61
60	51	2.10	—	30	13.7	9.00	—	25.6	—	6.24	60
59	50	2.08	54	—	13.8	—	52	25.7	21	6.18	59
58	49	2.06	53	29	13.9	8.75	51	25.8	—	6.12	58
57	48	2.03	—	—	14.0	8.50	—	25.9	—	6.06	57
56	47	2.00	52	28	14.1	8.25	50	26.0	20	6.00	56
55	46	1.97	51	—	14.2	8.00	49	26.3	—	5.93	55
54	45	1.94	—	27	14.3	—	48	26.6	—	5.86	54
53	44	1.91	50	—	14.4	7.75	47	26.9	19	5.79	53
52	43	1.88	—	26	14.5	7.50	46	27.2	—	5.72	52

51	42	1.85	49	25	14.6	—	45	27.5	—	5.64	51
50	41	1.82	—	24	14.7	7.25	44	27.8	18	5.56	50
49	40	1.79	48	23	14.8	7.00	43	28.1	—	5.48	49
48	39	1.76	—	22	14.9	—	42	28.4	17	5.40	48
47	38	1.74	47	21	15.0	6.75	41	28.7	—	5.32	47
46	37	1.72	—	20	15.1	6.50	40	29.0	16	5.24	46
45	36	1.70	46	19	15.2	—	—	29.3	—	5.18	45
44	35	1.68	—	18	15.3	6.25	39	29.6	15	5.14	44
43	34	1.66	45	17	15.4	—	38	29.9	—	5.10	43
42	33	1.64	44	16	15.5	6.00	—	30.1	14	5.05	42
41	32	1.62	43	15	15.6	—	37	30.3	—	5.00	41

점수	균형 능력 검사 4×15초	제자리 멀리뛰기	스피드 바운스 20초	목표물 향해 던지기	하이스 텝퍼 4×8m	가슴에서 밀기 1kg 공	수직 점프	셔틀런 (왕복달리기) 10×10m	소프트 창던지기	제자리 삼단 뛰기	점수
	초	m	회	회	초	m	㎝	초	m	m	
40	31	1.60	42	14	15.7	5.75	36	30.5	−	4.95	40
39	30	1.58	41	−	15.8	−	−	30.6	13	4.90	39
38	29	1.56	40	13	15.9	5.50	35	30.7	−	4.85	38
37	28	−	39	−	16.0	−	34	30.8	−	4.80	37
36	27	1.54	38	12	16.1	5.25	−	30.9	12	4.75	36
35	26	−	37	−	16.2	−	33	31.0	−	4.70	35
34	25	1.52	36	−	16.3	−	32	31.1	−	4.65	34
33	24	−	35	11	16.4	5.00	−	31.2	11	4.60	33
32	23	1.50	34	−	16.5	−	31	31.4	−	4.55	32
31	22	−	33	−	16.6	4.75	30	31.6	−	4.51	31
30	21	1.48	32	10	16.7	−	29	31.8	10	4.47	30
29	20	−	31	−	16.8	−	−	32.0	−	4.44	29
28	19	1.46	30	−	17.0	4.50	28	32.2	−	4.40	28
27	18	−	29	9	17.2	−	27	32.4	9	4.37	27
26	17	1.44	28	−	17.4	−	26	32.6	−	4.34	26
25	−	−	27	−	17.6	4.25	−	32.8	−	4.31	25
24	16	1.42	26	8	17.9	−	25	33.0	8	4.27	24
23	−	1.40	−	−	18.2	−	24	33.3	−	4.22	23
22	15	1.38	25	−	18.5	4.00	23	33.6	−	4.17	22
21	−	1.36	24	7	18.8	−	−	34.0	−	4.10	21
20	14	1.34	23	−	19.1	−	22	34.4	7	4.05	20
19	−	1.32	22	−	19.4	3.75	−	34.8	−	4.00	19
18	13	1.30	−	6	19.8	−	21	35.2	−	3.93	18
17	−	1.28	21	−	20.2	−	−	35.6	−	3.87	17
16	12	1.26	20	−	20.6	3.50	20	36.0	6	3.75	16
15	−	1.24	19	5	21.0	−	19	36.5	−	3.68	15
14	11	1.22	18	−	21.5	−	18	37.0	−	3.62	14
13	−	1.20	17	−	22.0	3.25	17	37.5	−	3.56	13
12	10	1.18	16	4	22.5	−	16	38.2	5	3.50	12
11	9	1.16	15	−	23.0	−	15	38.9	−	3.50	11
10	8	1.14	14	−	23.5	3.00	14	39.5	−	3.40	10
9	7	1.12	13	3	24.0	−	13	40.0	−	3.35	9

8	6	1.10	12	–	24.5	2.75	12	41.0	4	3.30	8
7	5	1.05	11	–	25.0	–	11	42.0	–	3.15	7
6	–	1.00	10	2	25.5	2.50	10	43.0	–	3.05	6
5	4	0.90	9	–	26.0	–	9	44.0	–	2.70	5
4	–	0.80	8	–	26.5	2.00	8	45.0	3	2.40	4
3	3	0.70	6	1	27.0	–	7	46.0	–	2.10	3
2	–	0.50	4	–	28.0	–	6	48.0	–	1.80	2
1	2	0.30	3	–	30.0	1.50	4	50.0	2	1.50	1

점수	균형 능력 검사 4×15초	제자리 멀리뛰기	스피드 바운스 20초	목표물 향해 던지기	하이스 텝퍼 4×8m	가슴에서 밀기 1kg 공	수직 점프	셔틀런 (왕복달리기) 10×10m	소프트 창던지기	제자리 삼단 뛰기	점수
				당신의 기록을 점수표와 비교하면 다음과 같다.							
증액	n/a	2cm	1no.	n/a	0.1초	25cm	1cm	0.1초	1m	6cm	증액
점수	n/a	1	1	n/a	2	2	1	1	2	1	점수
	초	m	회	회	초	m	cm	초	m	m	
80	−	2.65	73	−	11.2	12.50	70	23.0	38	8.17	80
79	−	2.62	72	−	11.3	−	69	23.1	−	8.13	79
78	−	2.59	71	−	11.4	12.25	68	23.2	37	8.08	78
77	−	2.56	70	−	11.5	−	67	23.3	36	8.03	77
76	−	2.53	69	−	11.6	12.00	66	23.4	−	7.97	76
75	−	2.50	68	40	11.7	−	65	23.5	35	7.90	75
74	−	2.48	67	39	11.8	11.75	64	23.7	34	7.82	74
73	−	2.46	66	−	12.0	−	63	23.8	−	7.74	73
72	−	2.44	65	38	12.1	11.50	62	23.9	33	7.66	72
71	40	2.42	64	37	12.2	−	61	24.0	32	7.58	71
70	−	2.40	63	−	12.3	11.25	−	24.2	−	7.50	70
69	59	2.38	62	36	12.4	−	60	24.4	31	7.42	69
68	−	2.36	61	35	12.5	11.00	59	24.5	30	7.34	68
67	58	2.34	60	−	12.6	−	58	24.6	−	7.26	67
66	57	2.32	59	34	12.7	10.75	57	24.7	29	7.18	66
65	56	2.30	58	33	12.8	−	56	24.9	−	7.10	65
64	55	2.28	57	−	13.0	10.50	55	25.0	28	7.02	64
63	54	2.26	−	32	13.1	−	−	25.1	−	6.94	63
62	53	2.24	56	31	13.2	10.25	54	25.2	27	6.86	62
61	52	2.22	55	−	13.3	10.00	53	25.3	−	6.78	61
60	51	2.20	−	30	13.4	−	−	25.4	26	6.70	60
59	50	2.17	54	−	13.5	9.75	52	25.5	−	6.62	59
58	49	2.14	53	29	13.6	9.50	51	25.6	25	6.54	58
57	48	2.11	−	−	13.7	−	−	25.7	−	6.46	57
56	47	2.08	52	28	13.8	9.25	50	25.8	24	6.38	56
55	46	2.04	51	−	14.0	9.00	49	26.0	−	6.30	55
54	45	2.01	−	27	14.1	−	48	26.3	23	6.22	54
53	44	1.99	50	−	14.2	8.75	47	26.6	−	6.14	53
52	43	1.96	−	26	14.3	8.50	46	26.8	22	6.06	52

51	42	1.93	49	25	14.4	—	45	27.0	—	6.00	51
50	41	1.90	—	24	14.5	8.25	44	27.3	21	5.94	50
49	40	1.88	48	23	14.6	8.00	43	27.6	—	5.87	49
48	39	1.85	—	22	14.7	—	42	28.0	20	5.80	48
47	38	1.82	47	21	14.8	7.75	41	28.3	—	5.74	47
46	37	1.80	—	20	15.0	7.50	40	28.6	19	5.66	46
45	36	1.77	46	19	15.1	7.25	—	29.0	—	5.60	45
44	35	1.74	—	18	15.2	7.00	39	29.3	18	5.54	44
43	34	1.70	45	17	15.3	—	38	29.6	—	5.46	43
42	33	1.68	44	16	15.4	6.75	—	29.8	17	5.38	42
41	32	1.66	43	15	15.5	6.50	37	30.0	—	5.30	41

점수	균형능력검사 4×15초	제자리멀리뛰기	스피드바운스 20초	목표물향해던지기	하이스텝퍼 4×8m	가슴에서밀기 1kg 공	수직점프	셔틀런(왕복달리기) 10×10m	소프트창던지기	제자리삼단뛰기	점수
	초	m	회	회	초	m	㎝	초	m	m	
40	31	1.64	42	14	15.7	—	36	30.2	16	5.22	40
39	30	1.61	41	—	15.8	6.25	—	30.4	—	5.15	39
38	29	1.59	40	13	15.9	6.00	35	30.5	15	5.07	38
37	28	—	39	—	16.0	—	34	30.7	—	5.00	37
36	27	1.56	38	12	16.1	5.75	—	30.8	14	4.94	36
35	26	—	37	—	16.2	—	33	30.9	—	4.88	35
34	25	1.54	36	—	16.3	5.50	32	31.0	13	4.82	34
33	24	—	35	11	16.4	—	—	31.1	—	4.76	33
32	23	1.52	34	—	16.5	5.25	31	31.3	—	4.70	32
31	22	—	33	—	16.6	—	30	31.5	12	4.64	31
30	21	1.50	32	10	16.7	5.00	29	31.8	—	4.58	30
29	20	—	31	—	16.8	—	—	32.0	—	4.52	29
28	19	1.48	30	—	17.0	—	28	32.2	11	4.48	28
27	18	1.46	29	9	17.2	4.75	27	32.4	—	4.44	27
26	17	1.44	28	—	17.4	—	26	32.6	—	4.40	26
25	—	1.43	27	—	17.6	—	—	32.8	10	4.36	25
24	16	1.42	26	8	17.9	4.50	25	33.0	—	4.32	24
23	—	1.40	—	—	18.2	—	24	33.3	—	4.28	23
22	15	1.48	25	—	18.5	4.25	23	33.6	9	4.24	22
21	—	1.36	24	7	18.8	—	—	34.0	—	4.20	21
20	14	1.34	23	—	19.1	—	22	34.4	—	4.16	20
19	—	1.32	22	—	19.4	4.00	—	34.8	8	4.12	19
18	13	1.30	—	6	19.8	—	21	35.2	—	4.08	18
17	—	1.28	21	—	20.2	3.75	—	35.6	—	4.04	17
16	12	1.26	20	—	20.6	—	20	36.0	7	4.00	16
15	—	1.24	19	5	21.0	3.50	19	36.5	—	3.92	15
14	11	1.22	18	—	21.5	—	18	37.0	—	3.84	14
13	—	1.20	17	—	22.0	—	17	37.5	6	3.76	13
12	10	1.18	16	4	22.5	3.25	16	38.2	—	3.68	12
11	9	1.16	15	—	23.0	—	15	38.9	—	3.60	11
10	8	1.14	14	—	23.5	3.00	14	39.5	5	3.50	10
9	7	1.12	13	3	24.0	—	13	40.0	—	3.40	9

8	6	1.10	12	–	24.5	2.75	12	41.0	–	3.30	8
7	5	1.05	11	–	25.0	–	11	42.0	4	3.17	7
6	–	1.00	10	2	25.5	2.50	10	43.0	–	3.05	6
5	4	0.90	9	–	26.0	–	9	44.0	–	2.70	5
4	–	0.80	8	–	26.5	2.00	8	45.0	3	2.40	4
3	3	0.70	6	1	27.0	–	7	46.0	–	2.10	3
2	–	0.50	4	–	28.0	–	6	48.0	–	1.80	2
1	2	0.30	3	–	30.0	1.50	4	50.0	2	1.50	1

민첩성 도전활동의 시상				3종 경기
시상 내역	시상 등급	연령대 기준		
		7, 8 & 9	10 & 11	12 & 13	14, 15 & 16
금	7	136	152	163	172
은	6	125	140	150	158
동	5	115	128	137	145
파랑	4	93	104	112	118
초록	3	72	80	86	91
노랑	2	45	55	64	70
주황	1	10	25	—	—

민첩성 도전활동의 시상				5종 경기
시상 내역	시상 등급	연령대 기준		
		7, 8 & 9	10 & 11	12 & 13	14, 15 & 16
금	7	215	240	257	272
은	6	198	221	237	251
동	5	181	202	216	229
파랑	4	147	164	176	186
초록	3	113	126	135	143
노랑	2	78	87	93	99
주황	1	16	54	—	—

민첩성 도전활동의 시상					10종 경기
시상 내역	시상 등급	연령대 기준			
		7, 8 & 9	10 & 11	12 & 13	14, 15 & 16
금	7	422	472	506	534
은	6	389	435	466	492
동	5	355	397	426	450
파랑	4	289	323	346	365
초록	3	222	248	266	281
노랑	2	152	171	183	193
주황	1	30	75	—	—

체육의 선두주자 (주)인터존코리아

　(주)인터존코리아는 1998년부터 유아에서 성인에 이르기까지 한국의 교육실정에 맞는 다양한 체육교구들을 유럽과 미국을 중심으로 검증된 세계적으로 우수한 체육교구만을 수입하여 국내 체육현장에 보급하여 왔고 그 가치를 인정받았다. 특히 체육용품과 뉴스포츠 활동에 적합한 새로운 신상품을 개발하여 학생들이 체육수업에 즐겁게 참여할 수 있는 체력향상 프로그램과 재미있는 도전활동 수업에 적합한 체육용품들의 사용으로 신체활동의 가치를 체험할 수 있도록 하였다.

　취급 용품은 학교체육용품, 특수체육용품, 스포츠용품, 장애우용품 등이 있다. 이들 용품은 학생 개인뿐만 아니라, 모둠원들이 팀 활동하기의 기본 원리를 실현함으로써 심동적·인지적·정서적인 가치를 높이는 데 기여할 것이다. 앞으로도 (주)인터존코리아는 학교체육을 개선하고 학생들이 체육활동에 즐겁게 참여할 수 있는 의미 있는 교구가 활용될 수 있도록 최선을 다할 것이다.

교구구입처 : (주) 인터존코리아　　www.kidgym.co.kr

본사
서울 강서구 마곡동 9번지 서일빌딩　203호
Tel) 02-2235-2071
Fax) 02-2236-2072

물류센터
경기도 고양시 일산동구 성석동 426-1번지
Tel) 070-8241-2071
Fax) 031-977-2075

George Bunner MBE

George Bunner는 1932년 리버풀에서 태어났다. 그는 어린 나이에 아버지를 여의었음에도 불구하고 리버풀 해리스의 팀 구성원으로서 촉망받는 운동선수였고, 공인 전력 기술자가 되기 위해 야간학교와 단과대학을 고학으로 졸업했다. 이후 영국 북서 지역에서 가장 큰 전력 계약업체의 감독직을 맡게 되었다. George Bunner는 1992년에 기술직을 떠났고, 전통적인 운동장과 트랙의 사용이 초·중등학교 학생들에게 적합하지 않다고 생각하여 체육관 수업을 고안하게 되었다. 지금도 매일 연구실에서 다양한 신체활동 프로그램을 개발하는 데 열정을 쏟으면서 생활하고 있다.

고문수

경인교육대학교 교육대학원 교육학석사(초등체육교육 전공)
인천대학교 대학원 체육학박사(스포츠교육학 전공)
전) 인천광역시 체육과 수석교사
    인천대학교 대학원 강사, 경희대학교 강사
현) 한국스포츠교육학회 상임이사 · 우리체육 편집위원
    경인교육대학교 및 인천광역시교원연수원 초등1정 강사
    한국교원단체총연합회 객원연구원
    경인교육대학교·성결대학교 강사
    인천용일초등학교 교사

『플라잉디스크를 활용한 체육수업』(2010)
『초등 체육수업의 이해와 실제』(2010)
『초등학교 6학년 체육교과서 및 지도서』(2010)
『재미있는 도전활동 수업』(2009)

Sportshall Athletics for the Primary & Secondary Age Groups

First edition published April 2002 edited by Ivan Bunner

Second edition published April 2003 edited by Ivan Bunner

Third edition published by Eveque Leisure Equipment Ltd. July 2007

ISBN 978-0-9556587-0-9

육상수업, 체육관 100배 활용하기

초 판 인 쇄 | 2010년 11월 5일
초 판 발 행 | 2010년 11월 5일
지 은 이 | George Bunner MBE
옮 긴 이 | 고문수
펴 낸 이 | 채종준
펴 낸 곳 | 한국학술정보㈜
주 소 | 경기도 파주시 교하읍 문발리 파주출판문화정보산업단지 513-5
전 화 | 031) 908-3181(대표)
팩 스 | 031) 908-3189
홈 페 이 지 | http://ebook.kstudy.com
E-mail | 출판사업부 publish@kstudy.com
등 록 | 제일산-115호(2000. 6. 19)

ISBN   978-89-268-1628-8 93370 (Paper Book)
        978-89-268-1629-5 98370 (e-Book)